NATURA Abiturtraining
Genetik und Evolution

Biologie

Franziska Langer

Ernst Klett Verlag GmbH
Stuttgart · Leipzig · Dortmund

Inhalt

Genetik

Evolution

Aufbau der DNA

Eine Vielzahl an Forschenden widmeten sich der Entschlüsselung der räumlichen Struktur der DNA, um grundlegende Erkenntnisse über die Funktion der DNA zu gewinnen [B 1]. Francis Crick und James Watson haben die experimentell gewonnenen Daten und Hinweise in ein räumliches Modell überführt, das sie im Jahr 1953 veröffentlichten [B 2]. Ihr entwickeltes Modell über die räumliche Struktur der DNA wird auch heute noch verwendet.

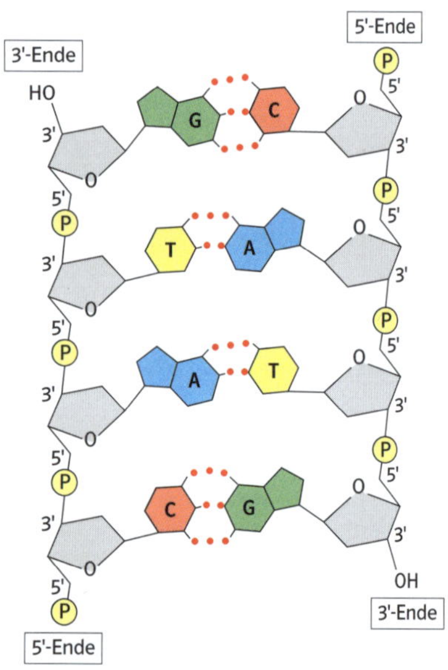

1 DNA-Doppelstrang

2 möglicher Instagram-Beitrag von Watson und Crick

Durch eine Temperaturerhöhung kann die doppelsträngige DNA in zwei DNA-Einzelstränge aufgetrennt werden. Dieser Vorgang wird auch als Denaturierung bezeichnet. Je höher die Temperatur, desto mehr DNA-Einzelstränge liegen vor. Liegen 50 % der vorhandenen DNA in DNA-Einzelsträngen vor, spricht man vom sogenannten Schmelzpunkt (T_M). Der Prozess der temperaturabhängigen Denaturierung eines DNA-Doppelstrangs kann mithilfe von UV-Licht gemessen werden. DNA-Einzelstränge absorbieren UV-Licht stärker als DNA-Doppelstränge. Die gemessenen Werte können in einem Koordinatensystem als sogenannte Schmelzkurve visualisiert werden. Die für die Denaturierung der DNA notwendige Temperatur unterscheidet sich von Art zu Art [B 3]. Auch der umgekehrte Weg ist unter geeigneten Bedingungen möglich. Werden DNA-Einzelstränge wieder in doppelsträngige DNA überführt, spricht man von Renaturierung. Je ähnlicher sich die hierfür verwendeten DNA-Einzelstränge sind, desto mehr Bereiche können sich doppelsträngig ausbilden.

Temperatur (C°)	75	79	81	83	84	85	86	87	88	89	90	92	94	98
UV-Absorption der DNA von Bakterien-Art I (rel. Einheiten)	1,04	1,05	1,06	1,08	1,12	1,22	1,32	1,36	1,38	1,42	1,44	1,46	1,47	1,47
UV-Absorption der DNA von Bakterien-Art II (rel. Einheiten)	1,04	1,04	1,04	1,05	1,06	1,06	1,07	1,07	1,08	1,08	1,10	1,12	1,24	1,40

3 UV-Absorption verschiedener Bakterien-Arten

Die wissenschaftlichen Erkenntnisse über die Zusammensetzung der DNA von Erwin Chargaff halfen Francis Crick und James Watson dabei die räumliche Struktur der DNA zu entschlüsseln. Er analysierte hierfür die DNA verschiedener Arten, indem er das Verhältnis der vier verschiedenen Nucleotide zueinander ermittelte [B 4].

Organismus	Thymin (%)	Adenin (%)	Cytosin (%)	Guanin (%)
Ratte		28,4	21,6	21,6
Hering	27,8	27,8		
Hefe	31,3			
Mensch			19,7	

4 Zusammensetzung der DNA verschiedener Organismen

Aufgaben

20/100 ○ **1** Beschreiben Sie mithilfe von [B 1] ausführlich den räumlichen und chemischen Aufbau der DNA.

15/100 ◒ **2** Fassen Sie in einem kurzen Instagram-Beitrag die Erkenntnisse über die räumliche Struktur der DNA von Watson und Crick aus dem Jahr 1953 zusammen [B 2].

25/100 ◒ **3** In einem Experiment wurden zwei DNA-Proben erhitzt und es wurde der Verlauf der Denaturierung mithilfe der UV-Absorption gemessen [B 3]. Zeichnen Sie die beiden Schmelzkurven mithilfe der Tabelle [B 3] ein und vergleichen Sie den Zerfall in Einzelstränge beider DNA-Proben.

10/100 ○ **4** Ergänzen Sie die fehlende Werte in der Tabelle [B 4] und formulieren Sie einen Glossareintrag für die nach Erwin Chargaff benannte Chargaff-Regel.

5/100 ● **5** Es gibt Bakterien, die in sehr heißen Quellen überleben können. Formulieren Sie eine Vermutung zu den Basenanteilen in der DNA.

25/100 ● **6** Erläutern Sie, wie die Erkenntnis, dass sich die Schmelzkurven verschiedener Arten unterscheiden, genutzt werden könnte, um Verwandtschaftsverhältnisse zwischen Arten zu ermitteln.

Die Ein-Gen-ein-Polypeptid-Hypothese

Schon der Defekt nur eines Gens kann unter Umständen das äußere Erscheinungsbild von Individuen gravierend verändern. So bewirkt z. B. eine kleine Änderung im genetischen Material von Eichhörnchen, dass ein Enzym fehlerhaft hergestellt wird, das an der Herstellung des Haarpigmentes beteiligt ist. Das Eichhörnchen lagert keine Pigmente in den Haaren ein [B 1]. Bereits 1941 führten die Wissenschaftler BEADLE und TATUM einen Versuch durch, der den Zusammenhang von Genen und Proteinen veranschaulichte. Sie nutzten für ihren Versuch einen Schimmelpilz, von dem einige Exemplare veränderte Gene aufwiesen (Mutanten-Stämme) [B 2].

1 Eichhörnchen-Albino

		Stämme von Neurospora crassa			
		Wildtyp	Mutanten A	Mutanten B	Mutanten C
Minimalmedium (MM)	MM, Kontrolle				
	MM + Ornithin				
	MM + Citrullin				
	MM + Arginin (Kontrolle)				
	Zusammenfassung der Ergebnisse	kann sich mit und ohne Zusätze vermehren	benötigt zur Vermehrung unbedingt Arginin	kann sich bei Zusatz von Ornithin, Citrullin oder Arginin vermehren	kann sich nur bei Citrullin- oder Argininzusatz vermehren

2 Mutanten-Stämme in unterschiedlichen Nährmedien

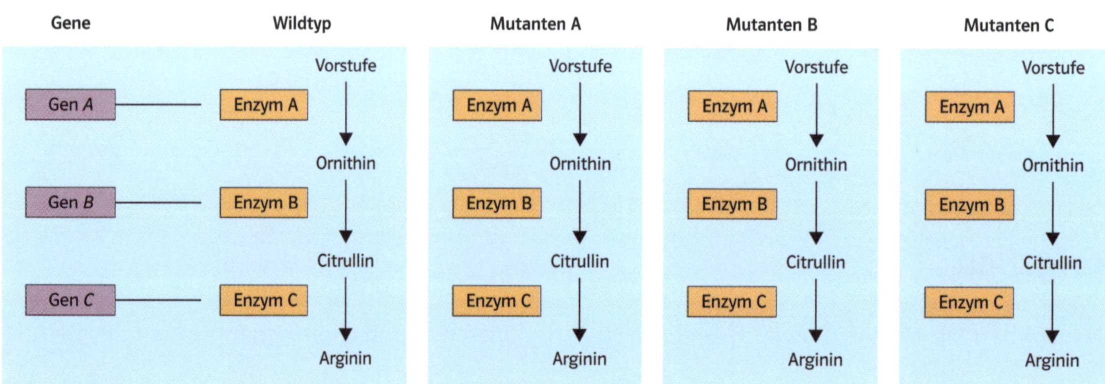

3 Genwirkkette für die (intakte und nicht intakte) Synthese von Arginin

Aufgaben

10/100 ○ **1** Erläutern Sie anhand von [B 3] den Begriff „Genwirkkette".

20/100 ◒ **2** Ordnen Sie die Zeichen „+" für Wachstum und „–" für Absterben des Schimmelpilzes in [B 2] zu.

20/100 ◒ **3** Kennzeichnen Sie die jeweils nicht funktionsfähigen Enzyme für die Mutantenstämme in [B 3].

15/100 ○ **4** Fassen Sie die Aussagen von [B 1 - 3] zusammen.

35/100 ◒ **5** Bewerten Sie die Aussage „Ein Gen entspricht einem Merkmal" auf ihre Richtigkeit.

DNA-Replikation bei Eukaryoten

Bevor sich eine Zelle teilt, wird das genetische Material verdoppelt. Dieser Vorgang wird als Replikation bezeichnet und findet in der S-Phase (Synthese-Phase) der Interphase vor einer Mitose statt.

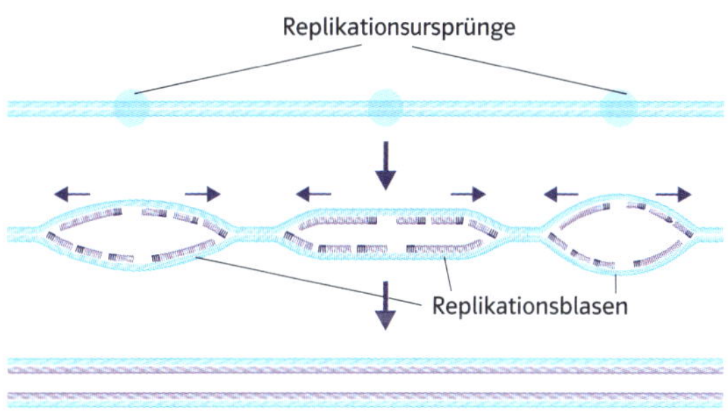

1 Verlauf der Replikation

Der DNA-Strang wird zunächst am sogenannten Replikationsursprung aufgespalten. Eukaryotische Zellen besitzen mehrere Replikationsursprünge. Es entstehen Blasen, in denen die Synthese des komplementären Strangs in beide Richtungen (bidirektional) verläuft [B 1]. Die Verdopplung des genetischen Materials erfolgt damit semikonservativ (*lat. semi* halb, *lat. conservare* bewahren), sodass jeweils ein Elternstrang erhalten bleibt, während ein neuer Tochterstrang synthetisiert wird.

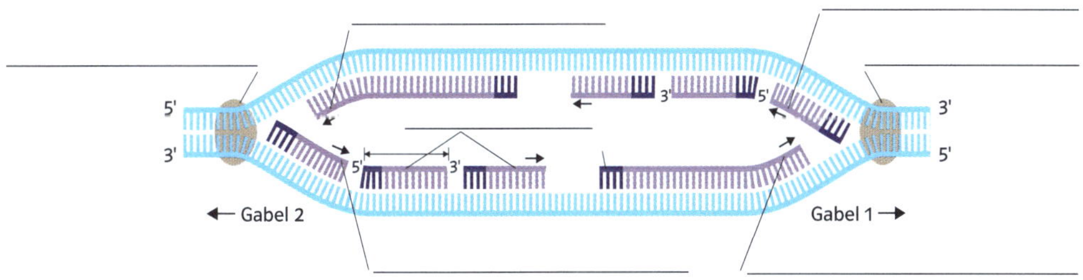

2 Replikationsblase

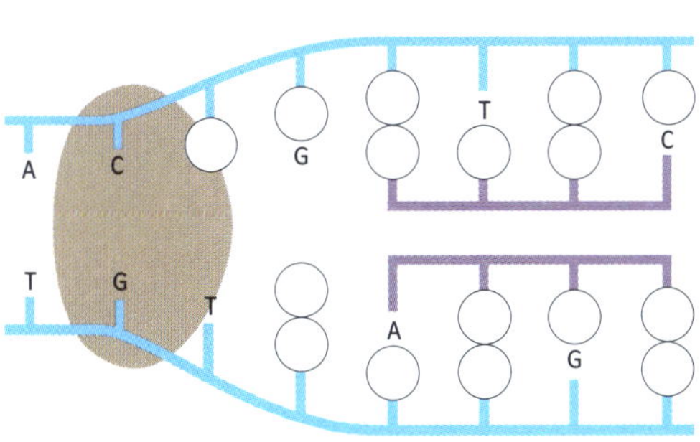

3 Replikationsgabel

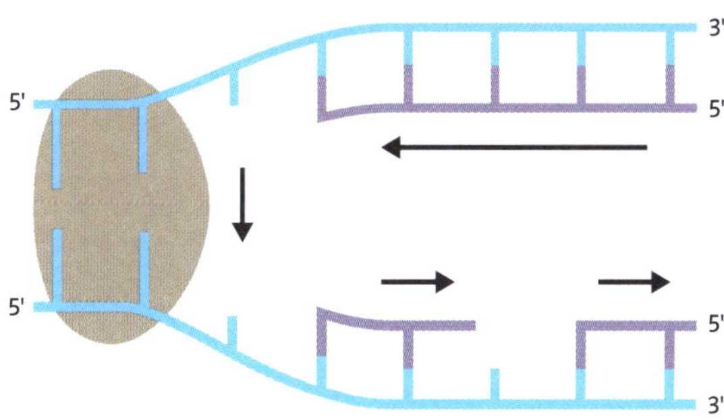

4 Fehlerhafte Darstellung einer Replikationsgabel

Aufgaben

20/100 ○ **1** Beschriften Sie die Bestandteile der Replikationsblase in [B 2].

25/100 ◒ **2** Erklären Sie die Ursache der unterschiedlichen Synthese des Folge- und des Leitstrangs.

20/100 ○ **3** Ergänzen Sie [B 3], indem Sie die fehlenden Basen eintragen.

35/100 ● **4** In [B 4] haben sich Fehler eingeschlichen. Korrigieren Sie diese und begründen Sie die Richtigstellung.

PCR in der Lebensmittelindustrie

Das Verfahren der Polymerase-Kettenreaktion (PCR) ist eine wichtige Methode zur Analyse von Lebensmitteln. Neben dem Nachweis von Krankheitserregern, Allergenen oder genetisch veränderte Organismen können ebenfalls z.B. die in Lebensmittelproben vorhandenen Tierarten bestimmt werden.

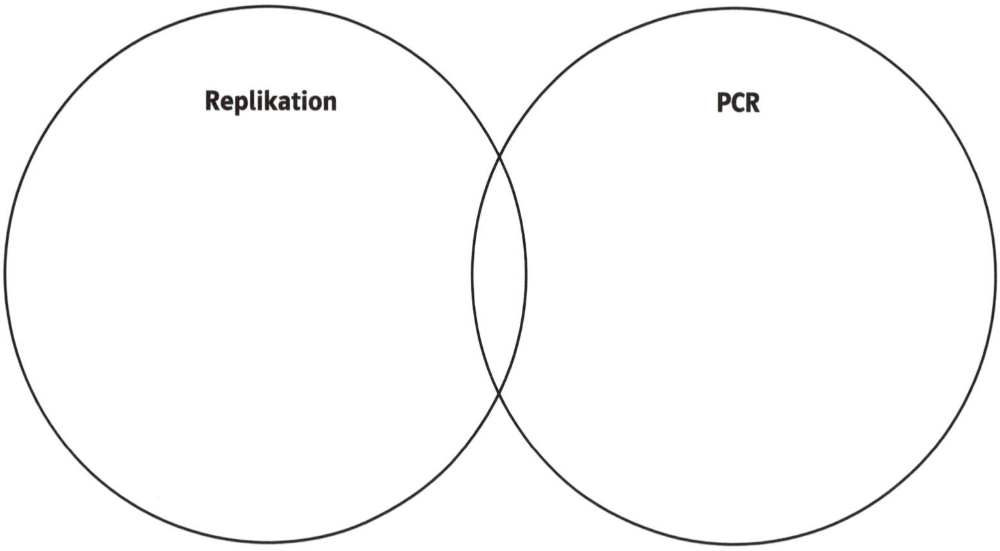

1 VENN-Diagramm

Zyklus	Anzahl der zu replizierenden DNA-Stränge	während des Zyklus eingebaute Nucleotide	Gesamtzahl der bisher eingebauten Nucleotide
1	2		
2			
3			
4			
5			
6			

2 Berechnung der Nucleotidanzahl

Je nach zu replizierender DNA-Stücke wird ein passender Primer benötigt. Die Anlagerung des jeweiligen Primers erfolgt bei einer spezifischen Temperatur, die sich je nach verwendetem Primer unterscheidet. Ist die Nucleotidabfolge des Primers bekannt, lässt sich die Temperatur berechnen, bei der sich die Primer anlagern (T_A). Hierfür wird zunächst die Schmelztemperatur (T_M) berechnet, die sich aus der Länge des Primers und der Basensequenz ergibt. Die Temperatur, bei der sich Primer anlagern liegt ungefähr 3 °C unter der Schmelztemperatur.

$$T_M = (\text{Anzahl C-Nucleotide} + \text{Anzahl G-Nucleotide}) \cdot 4\,°C + (\text{Anzahl A-Nucleotide} + \text{Anzahl T-Nucleotide}) \cdot 2\,°C$$

3 Berechnung der Schmelztemperatur (T_M)

Da die PCR in der Lebensmittelindustrie vielfältig zur Kontrolle eingesetzt wird, werden hin und wieder Umstände aufgedeckt, die in den Medien viel Aufmerksamkeit bekommen. Ein Beispiel hierfür ist der „Pferdefleischskandal" aus dem Jahr 2013. In Lebensmitteln, die zu 100 % Rindfleisch enthalten sollten, wurde stattdessen andere Fleischsorten, wie z.B. Pferdefleisch nachgewiesen. Verschiedenste biologische und chemische Verfahren werden dann angewendet, um Klarheit über Art und Ausmaß der unerwünschten oder illegalen Praktiken zu erlangen.

Stuttgarter Zeitung.de, 16. Juli 2017

Ermittler nehmen 66 Verdächtige fest

Der Pferdefleisch-Skandal erschütterte 2013 Europa. Auch Deutschland war betroffen, hier wurde Tiefkühl-Lasagne zurückgerufen. Ermittler haben jetzt einen Ring von Betrügern zerschlagen.

Den Haag – Europäische Ermittler haben einen internationalen Ring von Fleischbetrügern zerschlagen und insgesamt 66 Verdächtige festgenommen. [...]Deutschland war ebenfalls betroffen, hier wurde etwa Tiefkühl-Lasagne mit Anteilen von Pferdefleisch zurückgerufen. [...] (Stuttgarter Zeitung, 16. Juli 2017)

4 Zeitungsartikel zum sogenannten Pferdefleischskandal

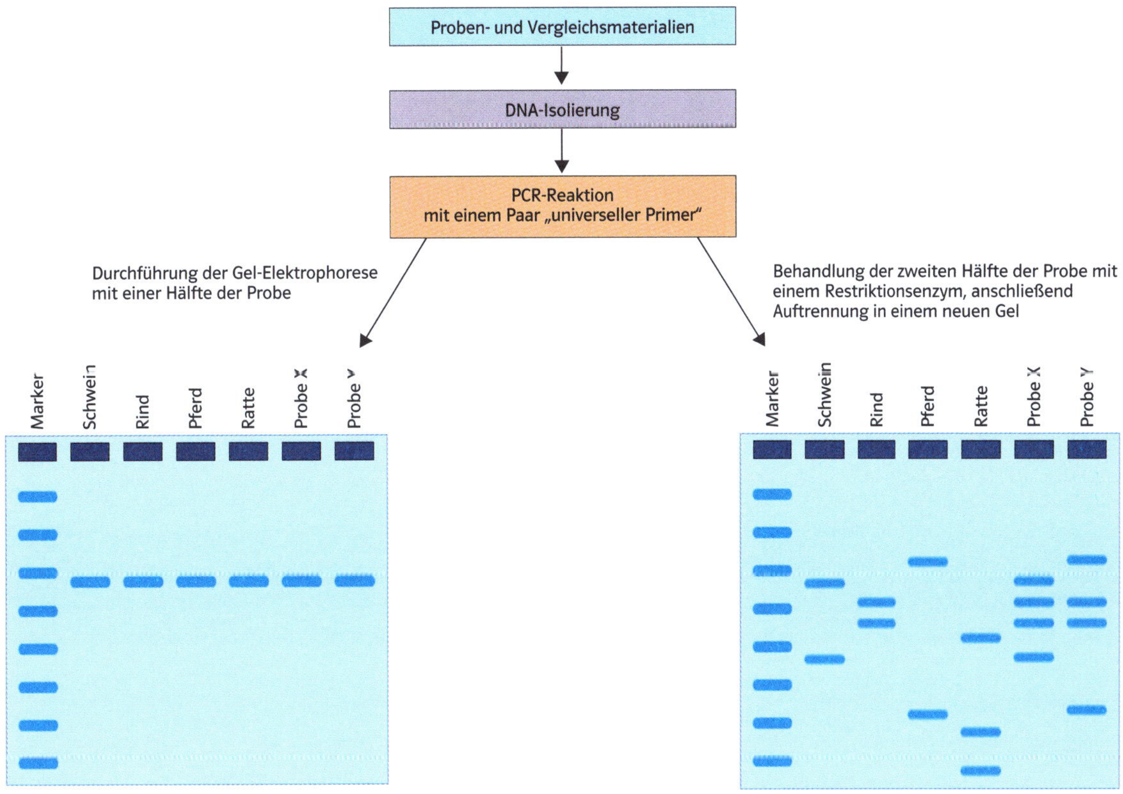

5 Nachweis tierischer Bestandteile in Lebensmitteln

Aufgaben

15/100 ○ **1** Beschreiben Sie das Ziel und den Ablauf einer PCR (Polymerasekettenreaktion).

35/100 ● **2** Vergleichen Sie die Polymerasekettenreaktion mit der Replikation in Form eines VENN-Diagramms [B 1].

10/100 ○ **3** Berechnen Sie die Gesamtanzahl der nach sechs PCR-Zyklen eingebauten Nucleotide, wenn das zu vervielfältigende DNA-Fragment eine Länge von 1000 Basen hat mithilfe der Tabelle [B 2].

10/100 ○ **4** Ermitteln Sie mithilfe der Formel [B 3] die Temperatur, die benötigt wird, damit sich der Primer mit der Basensequenz CCGTAGAACTGTTA anlagern kann.

10/100 ○ **5** Erläutern Sie das in [B 5] gezeigte Nachweisverfahren zur Fleischkontrolle.

20/100 ◒ **6** Deuten Sie die Ergebnisse unter der Voraussetzung, dass Probe X einer Kalbsleberwurst ohne Anteile aus anderen Tieren entnommen wurde und die Probe Y aus einer Tiefkühllasagne mit Rindfleisch stammt.

Genetischer Fingerabdruck

Mischlingsrüde Harry hilft bei der Verbrechensaufklärung

Wie bereits berichtet, wurde am 3. Dezember gegen 18.30 Uhr die 17-jährige Schülerin Jana S. aus Malbergen brutal überfallen und ausgeraubt. Die Schülerin befand sich mit ihrem Rad auf dem Heimweg, als zwei maskierte Männer sie überfielen und nach einem wilden Gerangel letztendlich mit einem schweren Gegenstand bewusstlos schlugen. Smartphone und Geldbörse fehlten, als Jana S. wieder zu sich kam. Zunächst konnten die Täter nicht gefasst werden. Zwei Tage später jedoch wurde ein Jogger aufmerksam, als sein Hund Harry im Gebüsch nahe dem Sportplatz der Schule anschlug und auch nach mehrmaligem Zuruf nicht gehorchte.

Als sich der Hundebesitzer seinem Mischlingsrüden näherte, entdeckte der Mann in einem Erdloch eine mit Isolierband gut umwickelte Plastiktüte. Nachdem der Jogger den Inhalt der Tüte inspiziert hatte, rief er die Polizei. In der Tüte befanden sich acht Smartphones, mehrere Geldbörsen, eine beträchtliche Menge an Bargeld, zwei Ski-Masken sowie eine Eisenstange. Ein im Anschluss durchgeführter Reihengentest, zu dem alle männlichen Bewohner Malbergens geladen wurden, führte schließlich nicht nur zu den Tätern im Fall Jana S., sondern klärte ebenfalls einen Raubüberfall auf den kleinen Kioskladen von Marek M. an der Schulstraße auf, bei dem Bargeld gestohlen worden sein sollte.

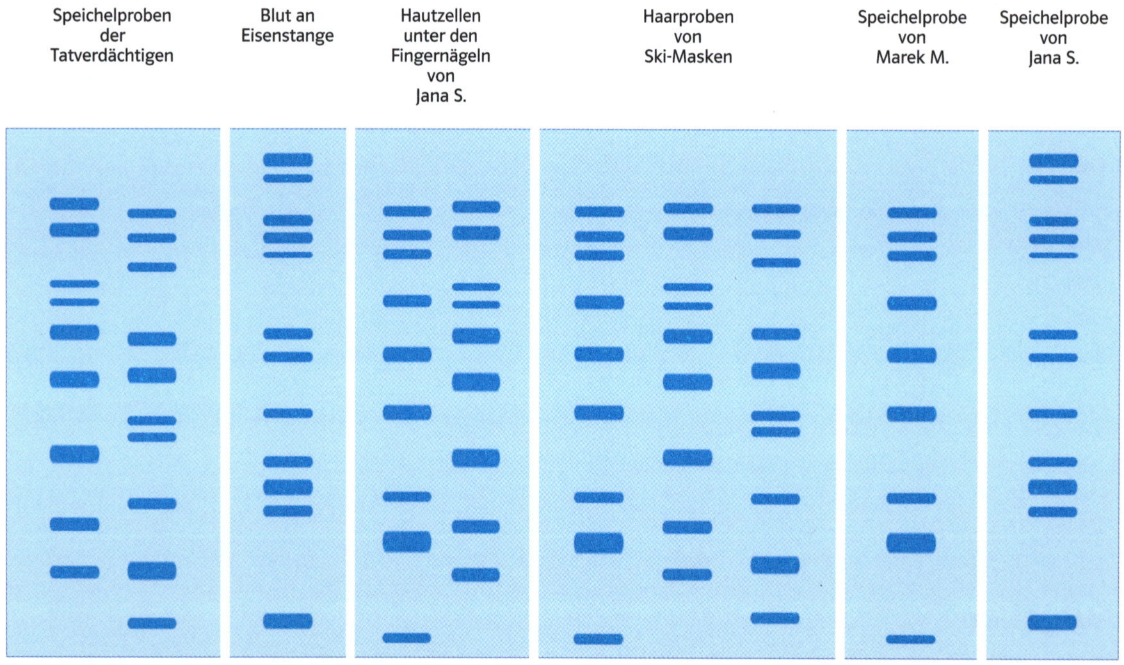

1 Gel-Elektrophorese-Ergebnisse aus Genanalysen

Aufgaben

35/100 ◒ **1** Beschreiben Sie die Durchführung einer Gel-Elektrophorese.

35/100 ◒ **2** Analysieren Sie das Bandenmuster der Gel-Elektrophorese in [B 1].

20/100 ◒ **3** Ziehen Sie Schlussfolgerungen aus dem Gel-Elektrophoresemuster zur Verbrechensaufklärung.

10/100 ○ **4** Begründen Sie, dass bei der Herstellung von genetischen Fingerabdrücken nur nicht codierende DNA-Bereiche genutzt werden.

Translation als Teilschritt der Proteinbiosynthese

Nach der Transkription erfolgt als zweiter Schritt in der Proteinbiosynthese die Translation. Transfer-RNA-Moleküle (t-RNA) transportieren jeweils bestimmte Aminosäuren zu den Ribosomen. Die Basensequenz der m-RNA wird in die Aminosäuresequenz übersetzt (translatiert).

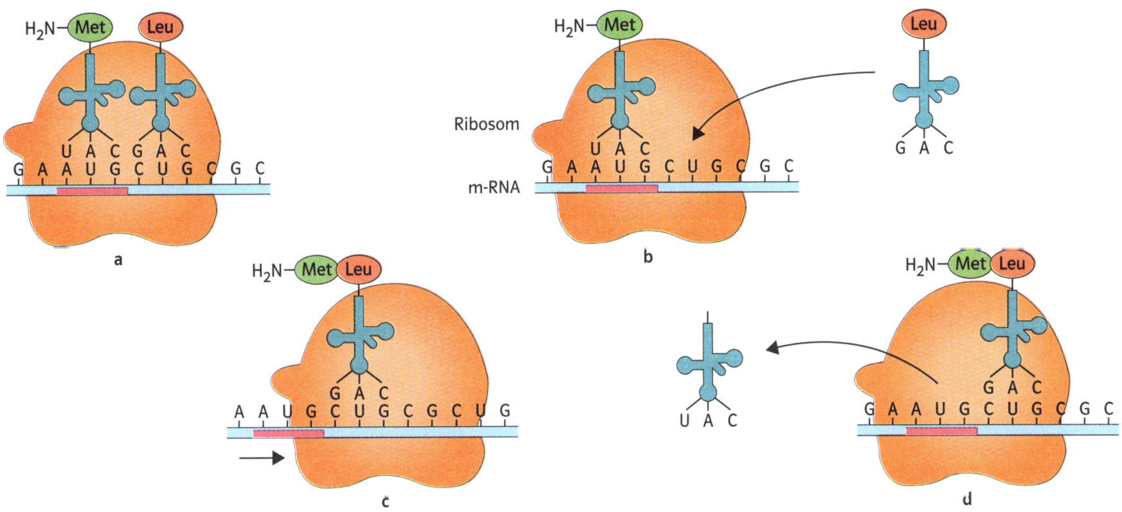

1 Translation in einer eukaryotischen Zelle

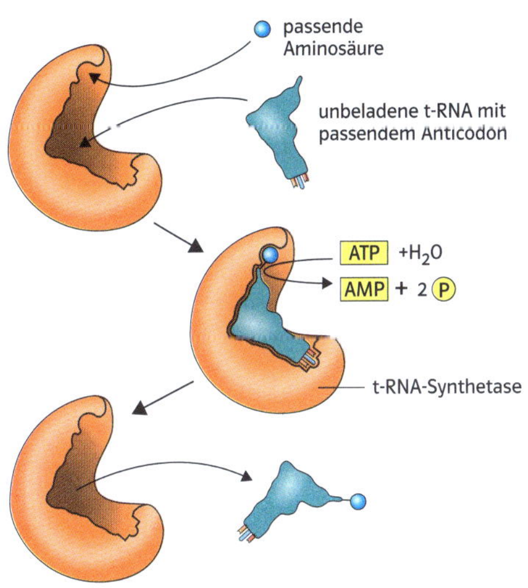

2 Beladen einer t-RNA

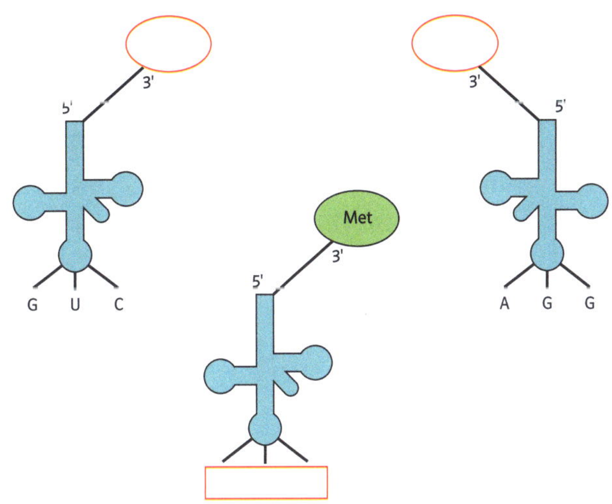

3 t-RNA-Moleküle

Aufgaben

10/100 ○ **1** Ordnen Sie die Bilder 1a bis d in die richtige Reihenfolge.

35/100 ◒ **2** Beschreiben Sie die Teilschritte der Translation anhand von Bild 1.

20/100 ◒ **3** Erklären Sie mithilfe von Bild 2, wie eine t-RNA mit der „richtigen" Aminosäure beladen wird.

35/100 ◒ **4** Ergänzen Sie Bild 3 mithilfe der Codesonne [B 4] in den rot gekennzeichneten Feldern.

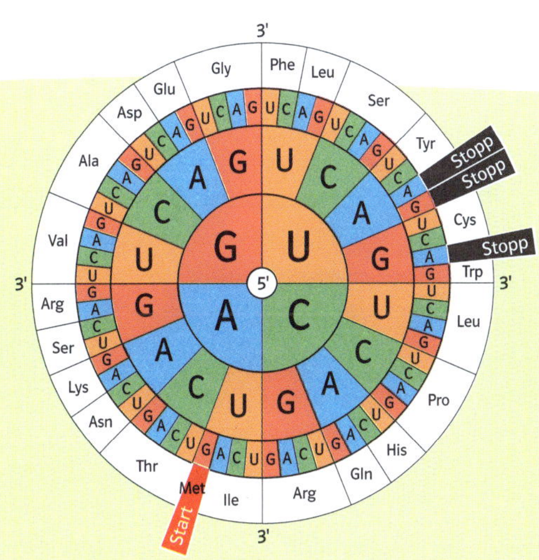

4 Codesonne

DNA kann nicht verknoten

Wenn man die DNA der 46 Chromosomen des Menschen aus einem Zellkern zu einem DNA-Strang verknüpfen würde, dann wäre er 2 Meter lang. Daher ist die DNA platzsparend aufgewickelt und bildet dabei um die 10 000 Schleifen [B 1]. Schon ein aufgewickeltes Ladekabel kann sich leicht verknoten. Wie kann dann in der Zelle verhindert werden, dass sich die DNA im Zellkern verknotet?

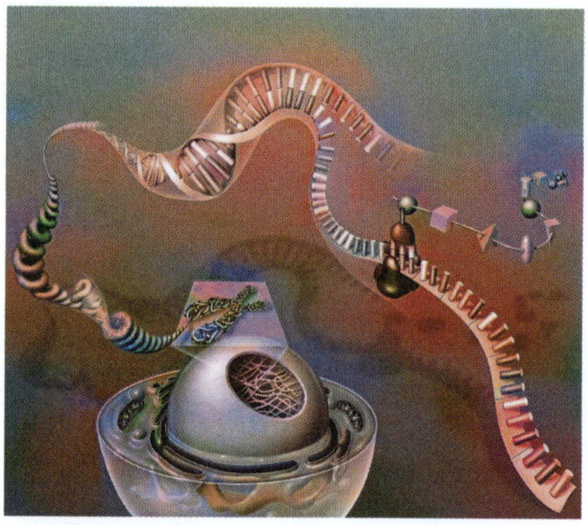

1 Anordnung von Chromosomen im Zellkern

Es ist bekannt, dass mithilfe von Schleifen in der DNA die Genaktivität in der Zelle reguliert werden kann. Beispielsweise können Enhancer die Expression eines Gens beeinflussen. Oft liegen sie jedoch mehrere tausende Basenpaare von ihrem Zielgen entfernt. Durch Schleifenbildung kann daher gewährleistet werden, dass Enhancer und Zielgen trotz der vermeintlichen Entfernung zueinander räumlich nah beieinander liegen.

An der Schleifenbildung sind hauptsächlich die beiden Proteine CTCF und Cohesin beteiligt. CTCF kann mit der DNA interagieren und sich an eine bestimmte DNA-Sequenz (bestehend aus etwa 20 Basenpaaren) fest binden. Cohesin ist ein ringförmiger Proteinkomplex bestehend aus zwei Ringen in Form einer Acht. Dieser ringförmige Proteinkomplex wird benötigt, damit sich Schleifen bilden können. Hierfür lagert sich Cohesin so an, dass der DNA-Strang zunächst durch den einen Ring gefädelt wird und anschließend durch den zweiten Ring. Dieser Mechanismus funktioniert ähnlich, wie z. B. die Schnallen am Trageriemen eines Rucksacks. Die Länge des Riemens kann verändert werden, indem man den Gurt durch die beiden Öffnungen der Schnalle schiebt. Je nach Richtung der DNA-Sequenz kann CTCF mit einem Stoppschild im Straßenverkehr verglichen werden. Befindet sich das Stoppschild in Fahrtrichtung, so bremst man als Fahrer an der Stelle. Zeigt es jedoch in die andere Richtung, hat es keinen Einfluss. Man kann einfach weiterfahren. Forschende haben versucht diesen beschriebenen Mechanismus in Form eines Modells zu visualisieren [B 2 und 3].

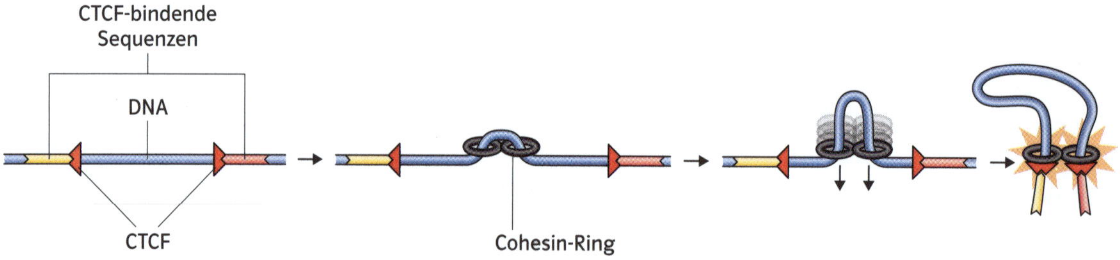

2 Schleifenbildung

3 keine Schleifenbildung

In der folgenden Tabelle sind die einzelnen Teilschritte der Schleifenbildung aus [B 2 und 3] ungeordnet zusammengefasst:

A	Trifft ein Cohesin-Ring auf eine nach außen gerichtete CTCF-bindende Sequenz, gleitet der Cohesin-Ring über das CTCF-Molekül hinweg.
B	Die Schleifenbildung stoppt, wenn ein Cohesin-Ring auf ein CTCF-Molekül trifft, das sich spezifisch an den DNA-Strang angelagert hat.
C	Die Schleife wächst weiter.
D	Die beiden Cohesin-Ringe gleiten in entgegengesetzter Richtung auf dem DNA-Strang entlang.
E	Es bildet sich eine Schleife, die immer länger werden kann.
F	Sind beide Cohesin-Ringe auf eine nach innen gerichtete CTCF-bindende Sequenz getroffen, ist die Schleifenbildung abgeschlossen.

4 Mechanismus der Schleifenbildung

Da Enhancer und Zielgen weit voneinander entfernt liegen, ist es schwierig Bereiche der DNA-Sequenz als Enhancer zu identifizieren. Für die Identifikation von Enhancern, entfernen Forschende einzelne DNA-Abschnitte, von denen sie vermuten, dass es sich um genregulatorische Bereiche handelt. Anschließend kann die Auswirkung auf die Genexpression nachvollzogen werden. Beispielweise vermuten Forschende, dass für die Expression des mPGES-1-Gens im menschlichen Körper drei verschiedene DNA-Sequenzen als Enhancer benötigt werden. Das Gen codiert für ein Enzym, das bei Entzündungsreaktionen benötigt wird. Zur Überprüfung, verglichen die Forschenden die Menge an m-RNA nach 48 h, wenn sie jeweils eine der drei Sequenzen entfernten [B 5]. Die Menge der gebildeten m-RNA lässt Rückschlüsse auf den Einfluss der entfernten DNA-Sequenz zu.

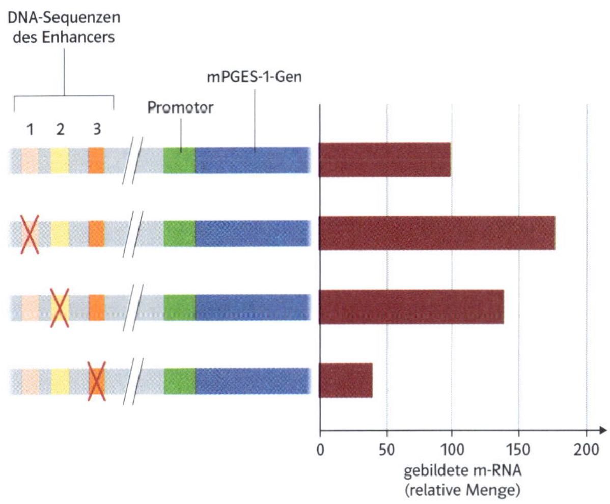

5 mögliche DNA-Sequenzen des Enhancers für das mPGES-1-Gen

Aufgaben

05/100 ○ **1** Benennen Sie fünf verschiedene Mechanismen der Genregulation bei Eukaryoten.

20/100 ◒ **2** Ordnen Sie die Aussagen aus der Tabelle [B 4] den entsprechenden Bildern zu [B 2 und B 3].

05/100 ○ **3** Erläutern Sie, wie Schleifenbildung zur Genregulation beiträgt.

20/100 ◒ **4** Stellen Sie eine Hypothese auf, wie die Forschenden ihre Modellvorstellung, dass Cohesin wie die Schnallen [...] funktionieren kann, überprüfen könnten.

30/100 ● **5** Erklären Sie mithilfe von [B 5] den Einfluss der DNA-Sequenzen des Enhancers auf die Expression des mPGES-1-Gens und beurteilen Sie die Aussagekraft der Ergebnisse.

20/100 ◒ **6** Erläutern Sie, wieso das Entfernen einer DNA-Sequenz zu einer verringerten Genexpression führen kann und das Entfernen einer anderen DNA-Sequenz eine erhöhte Genexpression zeigt.

Proteinbiosynthese im Überblick

P	
R	
O	
T	
E	
I	
N	
B	
I	
O	
S	
Y	
N	
T	
H	
E	
S	
E	

1 Tabelle Proteinbiosynthese

2 Conceptmap zur Proteinbiosynthese

Aufgaben

40/100 ◒ **1** Nennen Sie für jeden Buchstaben im [B 1] Begriffe, die im Zusammenhang mit der Proteinbiosynthese steht. *Hinweis: Nicht für jeden Buchstaben finden sich geeignete Begriffe.*

60/100 ● **2** Stellen Sie die aus Aufgabe 1 genannten Begriffe in Form einer Conceptmap grafisch übersichtlich dar. Ergänzen Sie weitere Begriffe, die zusätzlich benötigt werden, um die Proteinbiosynthese vollständig darzustellen, in einer anderen Farbe.

Genregulation bei Prokaryoten

Viele Bakterienarten können die Aminosäure Tryptophan selbst herstellen. Die Prokaryoten regulieren dabei eigenständig die Synthese in Abhängigkeit von der vorhandenen Tryptophankonzentration [B 1]. Die Herstellung von Tryptophan erfolgt über mehrere Reaktionsschritte, die jeweils von einem bestimmten Enzym katalysiert werden [B 2].

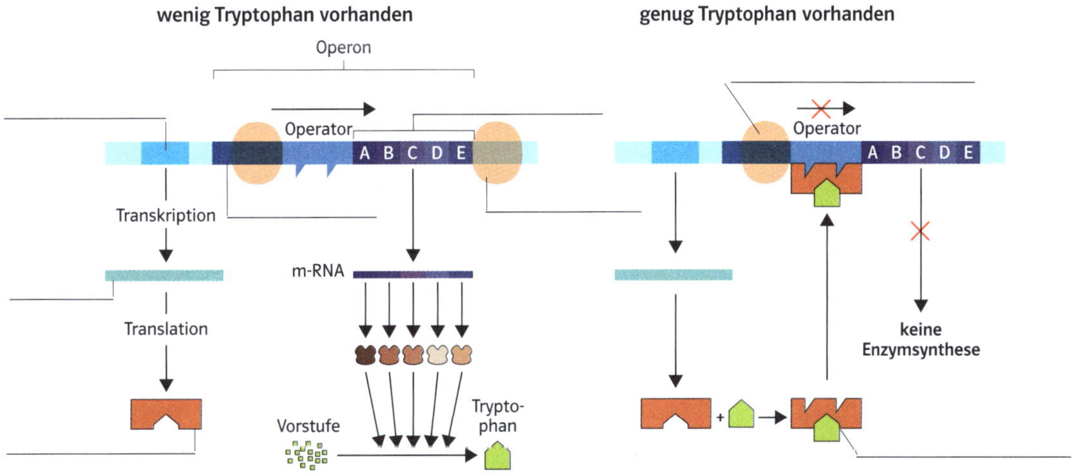

1 Operon-Modell zur Regelung der Tryptophansynthese

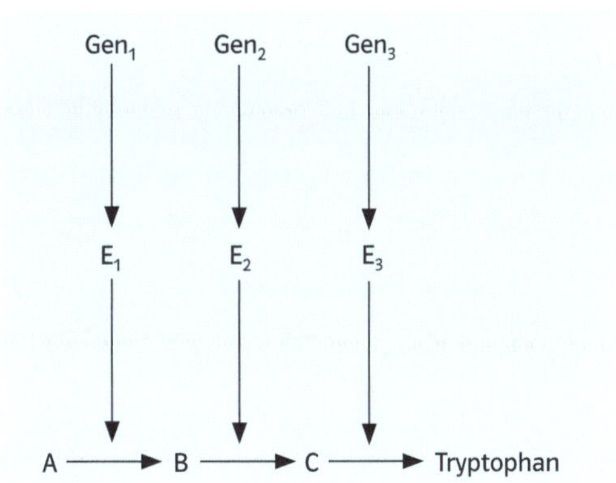

2 Syntheseweg von Tryptophan (E: Enzym)

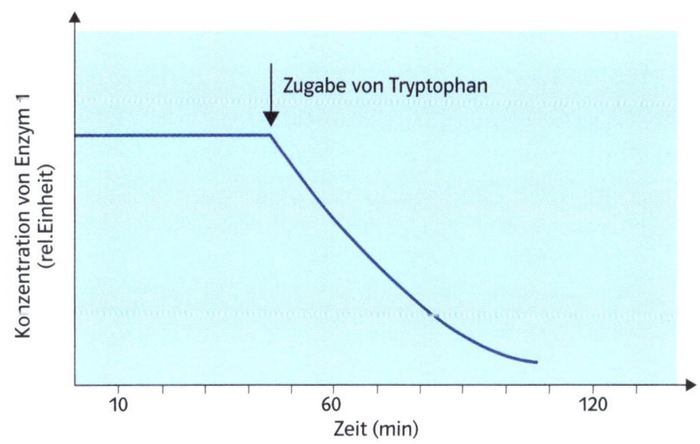

3 Konzentration von Enzym 1 vor und nach Gabe von Tryptophan

Aufgaben

30/100 ◒ **1** Beschriften Sie die Modelldarstellung aus [B 1] und erläutern Sie die Regulation.

40/100 ● **2** Deuten Sie den Kurvenverlauf in [B 3] unter Berücksichtigung des Syntheseweges von Tryptophan [B 1 und 2].

20/100 ◒ **3** Erläutern Sie die biologische Bedeutung der Tatsache, dass entsprechende Bakterien die Tryptophansynthese regulieren können.

10/100 ○ **4** Beschreiben Sie den Unterschied zwischen Regulation und Steuerung.

Essen Menschen Informationen?

MiRNA kann durch kleine Vesikel zwischen Zellen transportiert werden. Die kleinen Vesikel besitzen Oberflächenproteine derjenigen Zelle, von denen sie sich über Exocytose abgesondert haben. Dies ermöglicht eine selektive Interaktion mit den spezifischen Zielzellen. Je nach Inhalt der Vesikel, wie z. B. Proteine, Lipide oder auch miRNA dient dieser Vorgang der interzellulären Kommunikation. Durch den Transport von miRNA zwischen Zellen mithilfe von Vesikeln kann eine aktive Regulierung der Genexpression bestimmter Gene in den Zielzellen erfolgen. Auf Basis dieser Erkenntnisse, stellte sich ein chinesisches Forschungsteam die Frage, inwieweit auch über die Nahrung aufgenommene pflanzliche miRNA in einem tierischen Organismus vorhanden ist bzw. sogar funktionstüchtig sein kann. In einem ersten Schritt ermittelte das Forschungsteam, inwieweit pflanzliche miRNAs in tierischen Organismen nachweißbar sind [B 1 und B 2].

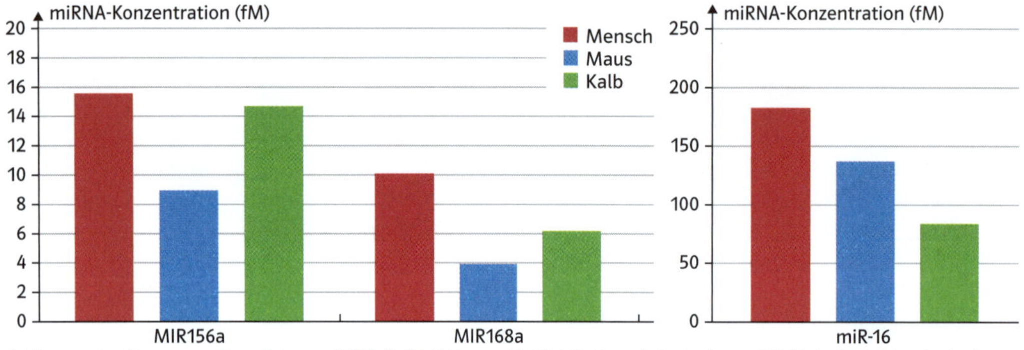

1 Konzentration von pflanzlicher miRNA (MIR156a und MIR168a) und tierischer miRNA (miR-16) in tierischen Organismen

In einem zweiten Schritt stellte sich für die Forschenden die Frage, ob die vorhandene pflanzliche miRNA über die Nahrungsaufnahme in den Organismus gelangen konnte. Hierfür experimentierte das Forschungsteam mit Mäusen, indem sie ihnen entweder Reis oder eine alternative Futterkost anboten [B 3]. Die beiden pflanzlichen miRNAs (MIR156a und MIR168a) sind im Reis nachweisbar.

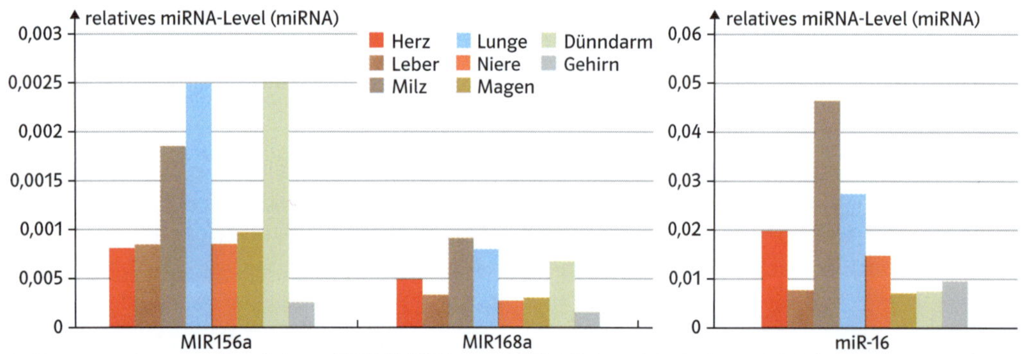

2 Konzentration von pflanzlicher miRNA (MIR156a und MIR168a) und tierischer miRNA (miR-16) in tierischen Organen

In einem letzten Schritt [B 3, rechts] stellte das Forschungsteam die Hypothese auf, dass auch mit der Nahrung aufgenommene pflanzliche miRNA eine Rolle bei der Regulierung der Funktion von Säugetierzellen und -organen spielen könnten. Eine Sequenz im Genom von Mensch und Maus

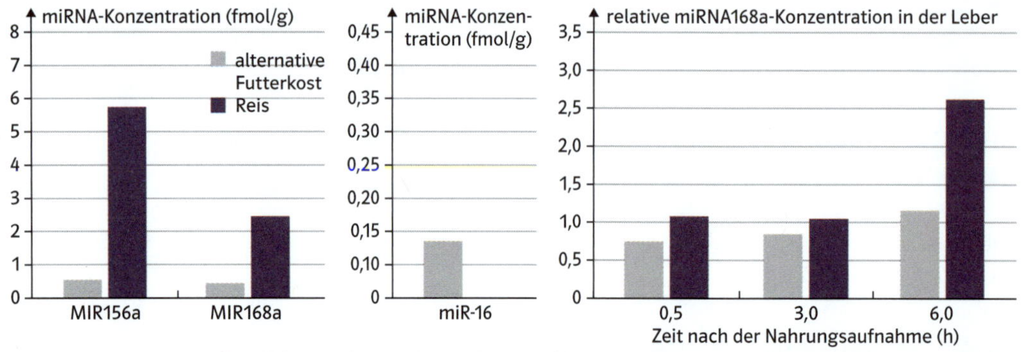

3 Konzentration von pflanzlicher und tierischer miRNA in Abhängigkeit der zur Verfügung stehenden Nahrung

die annährend mit der pflanzlichen miRNA MIR168a übereinstimmt, ist die des Low-Density-Lipoprotein-Rezeptor-Adapterproteins 1 (LDLRAP1). LDLRAP1 ist ein in der Leber exprimiertes Gen, das eine entscheidende Rolle bei der Entfernung von Low-Density-Lipoproteinpartikeln (LDL) aus dem Kreislaufsystem spielt. LDLRAP1 interagiert im extrazellulären Raum mit LDL-Rezeptoren und unterstützt so die Endocytose von LDL ins Cytoplasma [B 4]. LDL transportiert Cholesterin aus der Leber in die Zellen. Cholesterin sorgt u.a. dafür, dass die Zellmembran in Form bleibt. Es steht jedoch auch im Verdacht, Herz-Kreislauferkrankungen zu begünstigen, da Cholesterin in Ablagerungen von Blutgefäßen nachgewiesen werden konnte.

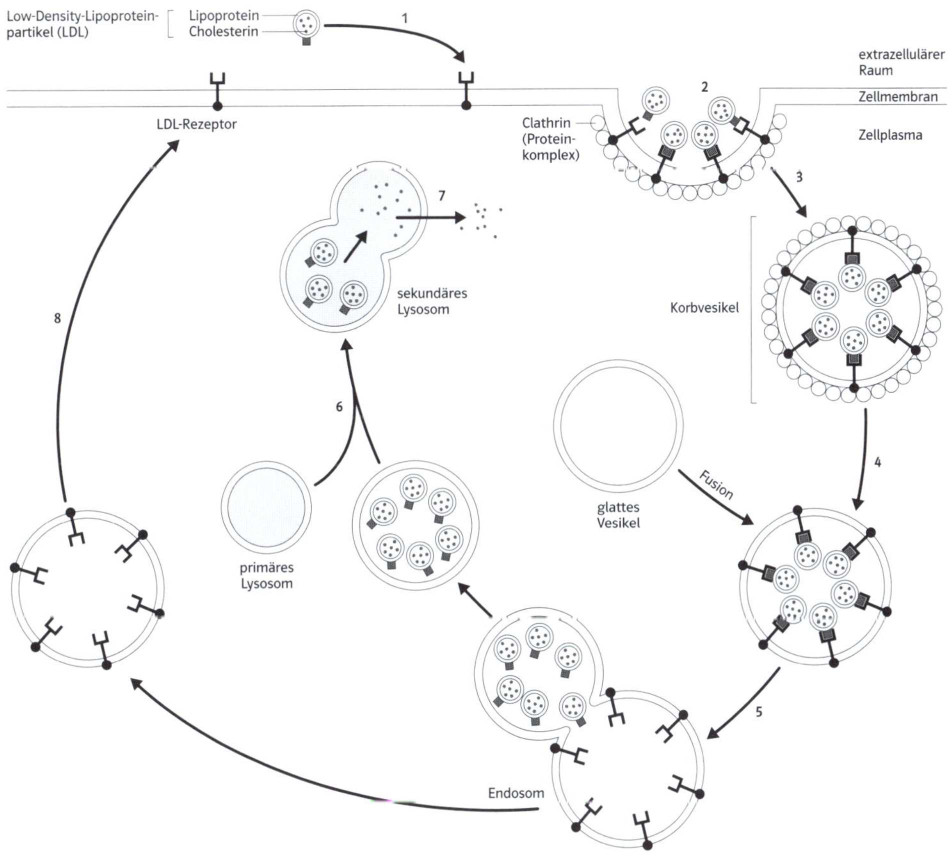

4 Cholesterin-Aufnahme und Verarbeitung in einer Zelle

Aufgaben

5/100 ○ **1** Definieren Sie den Begriff RNA-Interferenz.

30/100 ● **2** Beschreiben Sie mithilfe des vorliegenden Materials sowohl die Nachweisbarkeit von pflanzlicher miRNA im tierischen Organismus als auch die Aufnahme dieser durch Nahrungsmittel. [B 1–3]

7/100 ○ **3** Erklären Sie, warum auch tierische miRNAs bei den Ergebnissen der Studie betrachtet wurden.

16/100 ◒ **4** Beschreiben Sie den in [B 4] dargestellten Mechanismus zur Cholesterin-Aufnahme und Verarbeitung in einer Zelle.

25/100 ● **5** Skizzieren Sie mögliche Ergebnisse der Studie (Konzentration von mRNA des LDLRAP1-Gens und LDLRAP1-Protein) unter der Bedingung, dass mit der Nahrung aufgenommene pflanzliche miRNA Einfluss auf die Regulierung der Funktion von Säugetierzellen und -organen haben und erläutern Sie Ihre Überlegungen.

17/100 ◒ **6** Diskutieren Sie mögliche Auswirkungen von pflanzlicher miRNA (MIR168a) auf den tierischen Organismus.

Hitzeschock bei Prokaryoten

Bei winzigen Bakterien haben wechselnde Umweltbedingungen rasch Folgen für das Zellinnere. Bei plötzlich starker Temperaturerhöhung werden Zellbestandteile der Prokaryoten beschädigt, bei Proteinen kann eine unvorteilhafte Faltung entstehen oder sie werden ganz zerstört. Zu diesem Zeitpunkt werden DNA-Reparaturenzyme, Proteasen und weitere Proteine, die die Schäden beseitigen (sogenannte Hitzeschock-Proteine) benötigt. Bestimmte m-RNA-Moleküle der Bakterien sorgen nun für die Bereitstellung dieser speziellen Proteine, denn die m-RNA hat nicht nur eine codierende Funktion, sondern kann auch regulatorisch wirken. Komplementäre Basen innerhalb eines m-RNA-Strangs begünstigen dabei je nach Temperatur unterschiedliche Konformationen. Die Translation kann dadurch beschleunigt oder auch stark verlangsamt werden [B 1 und 2].

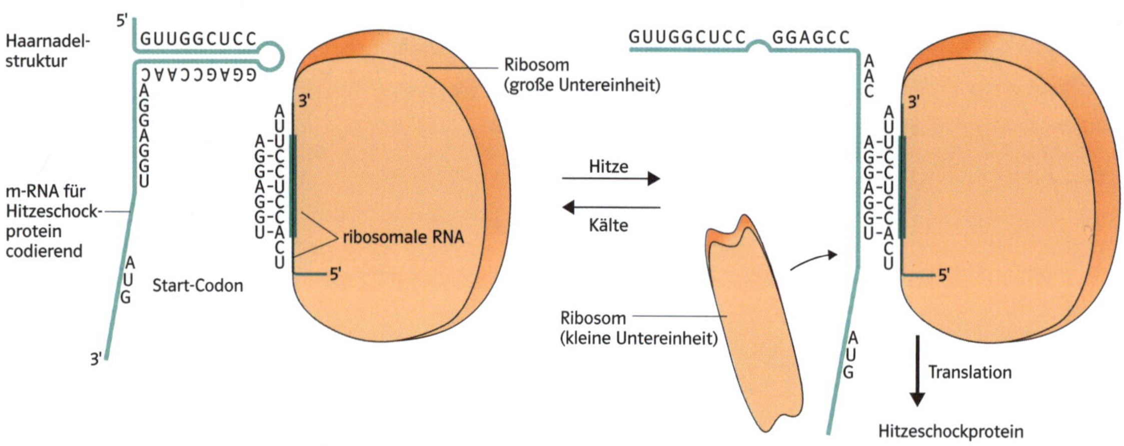

1 Temperaturabhängige Faltung der m-RNA

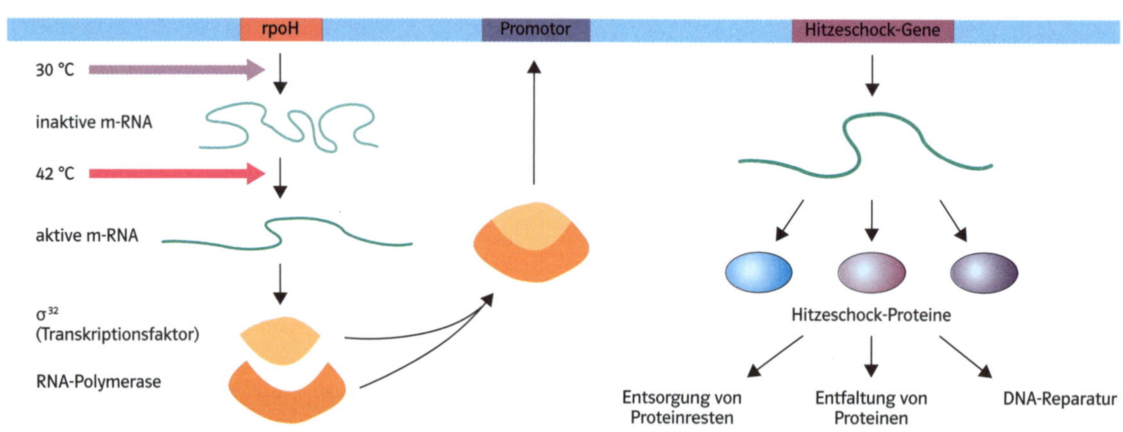

2 Schematisierte Darstellung zur Regulation von Hitzeschock-Genen

Aufgaben

35/100 ● **1** Beschreiben Sie mithilfe von [B 1] die Regulation der Translation bei Prokaryoten unter wechselnden Temperaturbedingungen.

35/100 ● **2** Skizzieren Sie für die Basensequenz 5'…CCCAUGCCCGUGAGCAUACGGGCAUAAU…3' ein RNA-Molekül mit einer Haarnadelschleife.

20/100 ◒ **3** Erläutern Sie die Rolle des Transkriptionsfaktors σ^{32} (Sigma 32) bei der Hitzeschock-Antwort mithilfe von [B 2].

10/100 ○ **4** Infektiöse Bakterien produzieren virulente (krankmachende) Proteine erst, wenn sich die Prokaryoten innerhalb des Wirtes befinden. Stellen Sie die biologische Bedeutung dar.

Lichtschalter im Tintenfisch

Der kleine Tintenfisch *Euprymna scolopes* wird nur ca. 3 cm groß [B 1]. Als nachtaktives Tier vergräbt er sich tagsüber im Sand und geht gegen Abend auf Beutesuche. Das Bakterium *Aliivibrio fischeri* bietet ihm dabei eine nahezu perfekte Tarnung. Die Einzeller werden von den Jungkalmaren kurz nach dem Schlüpfen aufgenommen und synthetisieren das Protein Luciferase, das durch eine Oxidationsreaktion an der Erzeugung von Licht beteiligt ist. Das Licht besitzt die gleiche Wellenlänge wie das Mondlicht und wird vom Tintenfisch nur nach unten abgestrahlt. Dadurch wirft der Tintenfisch keinen Schatten und ist auf einer vom Mondlicht erleuchteten Wasserfläche kaum noch wahrnehmbar. Freilebende Bakterien leuchten nicht. Erst wenn sie vom Zwergtintenfisch aufgenommen werden und sich vermehren, setzt die Lichtabgabe ein, bis der Kalmar einen Großteil der Bakterien wieder ins Meerwasser entlässt [B 3].

1 Tintenfisch *Euprymna scolopes*

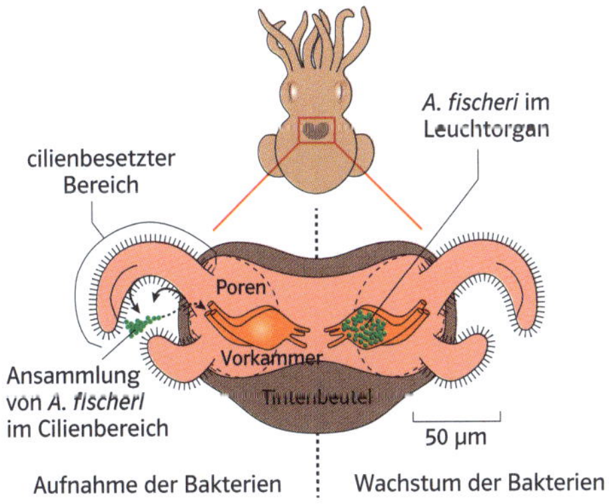

2 Besiedelung des Leuchtorgans durch Bakterien

3 Wachstumskurve der Bakterien

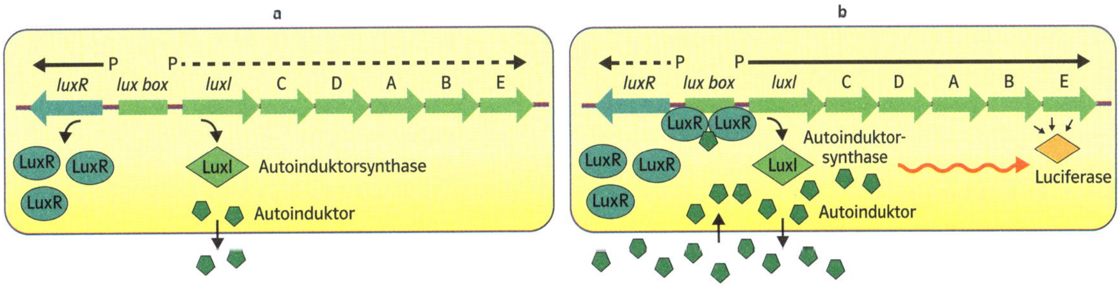

Autoinduktoren: Signalmoleküle, die leicht aus der Zelle hinaus- und hineindiffundieren können; aktivieren Gene, wenn eine bestimmte Zelldichte überschritten wird

LuxR: Protein, das durch Bindung an ein weiteres Protein und den Autoinduktor als Transkriptionsaktivator fungiert

4 Lux-Operon

Aufgaben

15/100 ○ **1** Beschreiben Sie gemäß [B 1–3] kurz das Zusammenleben vom Tintenfisch *E. scolopes* und dem Bakterium *A. fischeri*.

55/100 ● **2** Die Bakterien *A. fischeri* können Gene für die Lichterzeugung an- und ausschalten. Erläutern Sie diesen Sachverhalt unter Einbeziehung von [B 4].

30/100 ◒ **3** Nennen Sie die Unterschiede zwischen Lux-Operon und Operon-Modell der Substratinduktion.

Genmutationen

Eine Veränderung der Basenabfolge in der DNA wird als Genmutation bezeichnet. Die Veränderung betrifft ein einzelnes Gen, während bei einer Chromosomen- oder Genommutation größere Abschnitte eines Chromosoms oder das gesamte Chromosom betroffen sind. Ist eine einzige Base betroffen, spricht man von einer Punktmutation. Nichtsdestotrotz können die Auswirkungen dieser kleinen Veränderung gravierend für den betroffenen Organismus sein.

Der im Folgenden dargestellte Auszug eines DNA-Abschnittes codiert für ein Enzym mit einer Länge von ungefähr 100 Aminosäuren. Für die Funktionalität des aktiven Zentrums dieses Enzyms sind unter anderem die Aminosäuren an der achten, neunten und zehnten Position innerhalb des dargestellten DNA-Abschnittes von Bedeutung.

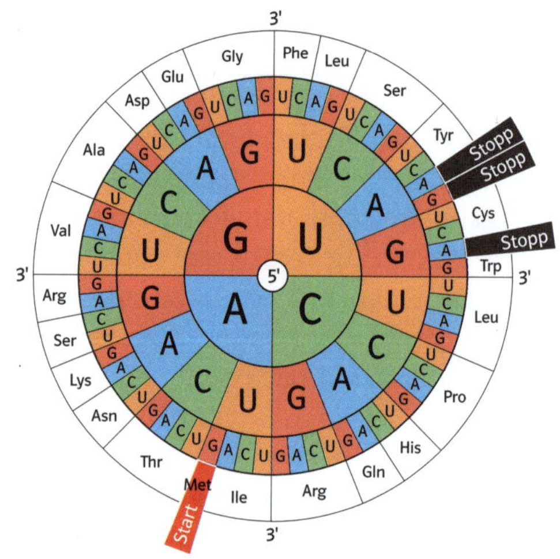

1 Codesonne

Der Anfang des Abschnittes auf der DNA weist die folgende Basensequenz auf:

3'TACTAAGACAAAAGTCGTCCCTGTTCCTCAGTTACA…5'

2 Auszug DNA-Abschnitt

A: An der Position 9 befindet sich die Base T:

3'TACTAAGATAAAAGTCGTCCCTGTTCCTCAGTTACA…5'

B: An der Position 25 befindet sich die Base C:

3'TACTAAGACAAAAGTCGTCCCTGTCCCTCAGTTACA…5'

C: An der Position 31 befindet sich die Base A:

3'TACTAAGACAAAAGTCGTCCCTGTTCCTCAGTTACA…5'

D: An der Position 20 fällt die Base C weg:

3'TACTAAGACAAAAGTCGTCCTGTTCCTCAGTTACA…5'

3 mögliche Genmutationen

	Substi-tution	Inser-tion	Dele-tion	Missense-Mutation	Nonsense-Mutation	stumme Mutation	Leseraster-mutation	Punkt-mutation
A								
B								
C								
D								

4 Mutationsformen

3'TACTAAGACAAAAGTCGTCCCTGTTCCTCAGTTACA...5'

___

___

5 weitere mögliche Genmutation

Genmutationen können ebenfalls durch sogenannt springende Gene hervorgerufen werden. Bei einem springenden Gen handelt es sich um einen DNA-Abschnitt (einige hundert bis tausende Basenpaare) der innerhalb des Genoms an eine andere Position springen kann. Springende Gene können aus ihrer ursprünglichen Position im Genom entfernt und an anderer Stelle eingebaut werden (Cut und Paste). Ein weiterer Mechanismus ist die Replikation von springenden Genen und der anschließende Einbau an anderer Stelle im Genom (Copy und Paste).

Cut und Paste	Copy und Paste

6 Skizze möglicher Genmutationen durch springende Gene

Aufgaben

9/100 ○ **1** Übersetzen Sie den vorliegenden DNA-Abschnitt (codogener Strang) in die dazugehörige Aminosäuresequenz.

15/100 ◒ **2** Nennen Sie die Eigenschaften des genetischen Codes und erläutern Sie diese anhand des vorliegenden DNA-Abschnittes.

15/100 ◒ **3** Ermitteln Sie die Aminosäuresequenzen für die vorliegenden Genmutationen A bis D.

9/100 ○ **4** Ordnen Sie die Genmutationen A bis D den in der Tabelle aufgeführten Mutationsformen zu.

16/100 ◒ **5** Diskutieren Sie die Auswirkungen der Genmutationen A bis D auf das zu bildende Enzym.

6/100 ○ **6** Verändern Sie den vorliegenden DNA-Abschnitt, indem Sie die bisher noch nicht dargestellte Mutationsform (siehe Tabelle) verwenden unter der Bedingung, dass keine gravierenden Auswirkungen für das zu synthetisierende Enzym entstehen [B 5]. Erläutern Sie ihre Überlegungen.

30/100 ● **7** Analysieren Sie wie es durch die beiden Mechanismen (Cut und Paste; Copy und Paste) springender Gene zu einer Genmutation kommen kann und verdeutlichen Sie ihre Überlegungen mithilfe einer Skizze.

Der Ames-Test

Bei der Herstellung von Kartoffelchips werden Kartoffelscheiben geröstet, um ihnen mit den sogenannten Röstaromen den typischen Geschmack zu verleihen [B 1]. Sieht man sich die Chips genauer an, sind oftmals kleine schwarze Stellen erkennbar, an denen Verbrennungen stattgefunden haben. Durch diesen Verbrennungsprozess entstehen reaktive Produkte, wie z. B. Nitrosamine. Gelangen diese Nitrosamine über den Magen-Darmtrakt in die Körperzellen, können sie dort die DNA verändern, was wiederum zu unkontrollierten Zellteilungen führen kann. Es sind mutagene Substanzen, die Krebs auslösen können.

Um Mutagene nachzuweisen, kann der Ames-Test durchgeführt werden. Bei diesem Testverfahren nutzt man Mangelmutanten des Bakteriums *Salmonella typhimurium*, die die Fähigkeit verloren haben, die Aminosäure Histidin herzustellen [B 3].

1 Kartoffelchips mit Röststellen

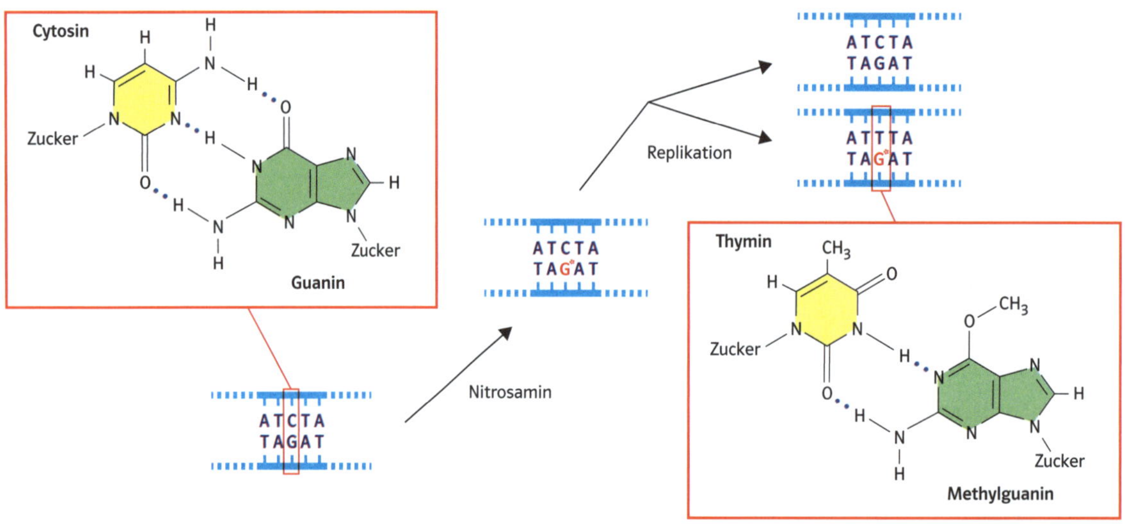

2 Veränderungen von Guanin durch Einwirkung von Nitrosaminen nach der Replikation

Aufgaben

10/100 ○ **1** Vergleichen Sie die Strukturformeln von Guanin und Methylguanin [B 2].

40/100 ● **2** Erläutern Sie mithilfe von [B 2] die Entstehung einer Krebszelle aufgrund von Nitrosaminen.

35/100 ● **3** Analysieren Sie den Ablauf und die Auswertung des Ames-Tests am Beispiel von Kartoffelchips.

15/100 ○ **4** Beschreiben Sie unter Verwendung von [B 3], wie ein Kontrollversuch zur Mutagenität von Stoffen im Ames-Test aussehen müsste und inwiefern er ratsam ist.

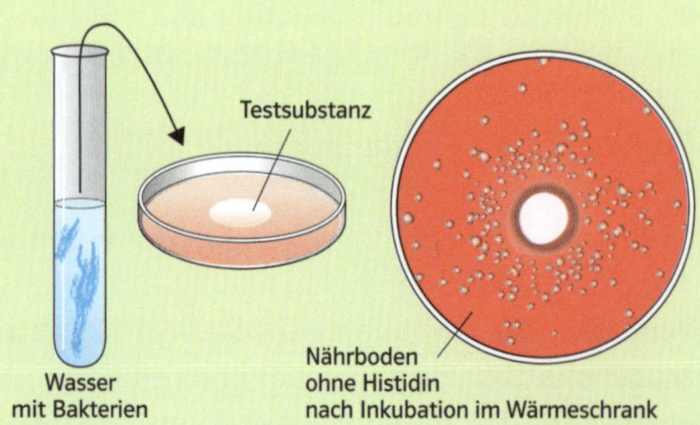

3 Ames-Test

Auswirkungen stummer Mutationen

Wird die dritte Base eines Tripletts der DNA verändert, so entspricht der genetische Code in vielen Fällen der gleichen Aminosäure wie vorher. Solche stummen Mutationen sollten daher keinerlei Auswirkungen auf das gebildete Protein haben. In der DNA von Bakterien wurde jedoch viel häufiger das Triplett AAC als AAT gefunden, beide codieren für die Aminosäure Leucin. Für das Codon UUG stehen mehr t-RNA-Moleküle mit dem entsprechenden Anti-Codon bereit als für das Codon UUA. Stumme Mutationen haben aber auch eine Auswirkung auf das Spleißen in eukaryotischen Zellen. So gibt es am Ende eines Exons Basensequenzen, die den Spleißvorgang begünstigen und sich verstärkend auf diesen Vorgang auswirken (sogenannte Exonic Splicing Enhacer, Bild 2). Ebenso verändern stumme Mutationen die Faltstruktur der m-RNA, denn entgegen vieler vereinfachter Abbildungen liegt die m-RNA nicht als Einzelstrang, sondern als spezifisch gefaltete Raumstruktur vor [B 3].

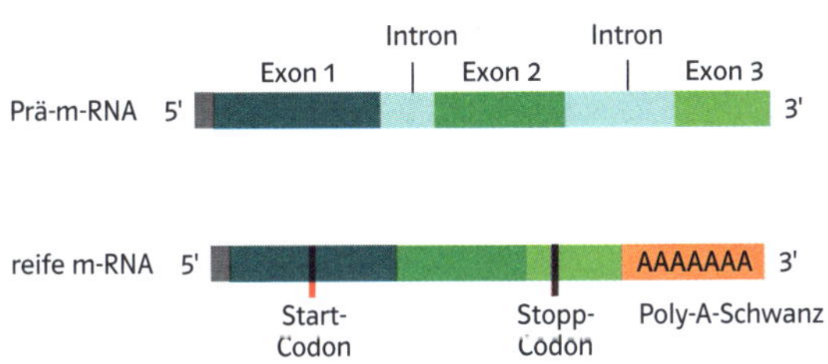

1 Reifung der m-RNA

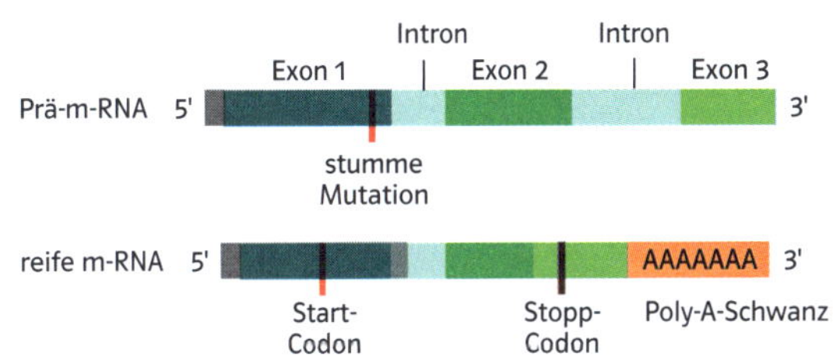

2 Reifung der m-RNA mit Mutation am Ende des Exons

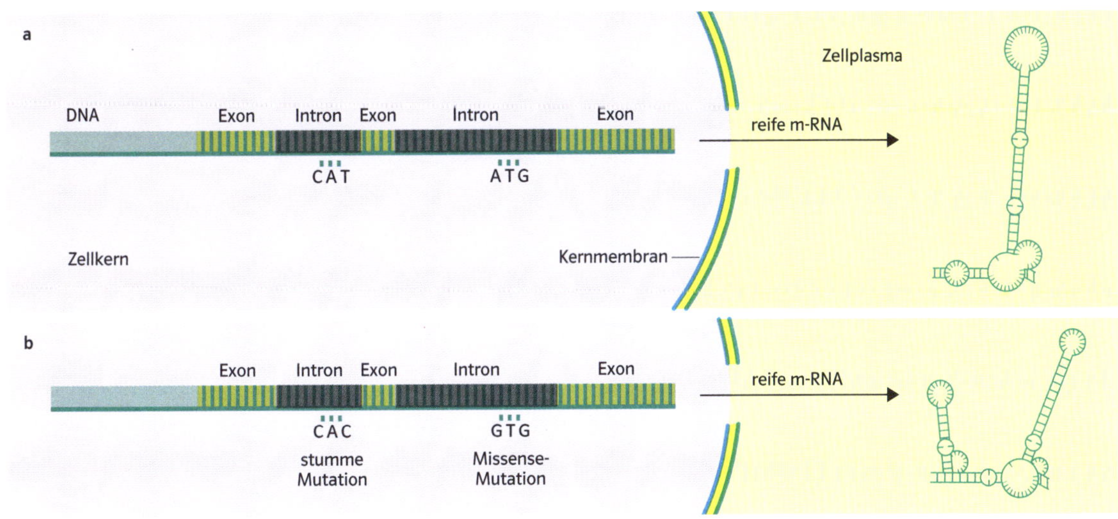

3 Unterschiedliche Faltstrukturen der m-RNA des gleichen Gens

Aufgaben

10/100 ○ **1** Beschreiben Sie mögliche Unterschiede bei der Translation eines m-RNA-Strangs, der eine größere Anzahl von UUG-Codons zeigt, zu der eines m-RNA-Strangs, der im Verhältnis mehr UUA-Codons aufweist.

20/100 ◒ **2** Vergleichen Sie den Vorgang des Spleißens aus [B 1 und 2].

20/100 ◒ **3** Beschreiben Sie kurz, wie es zu Faltungen der m-RNA kommt.

50/100 ● **4** Stellen Sie Vermutungen an, welche Auswirkungen stumme Mutationen auf m-RNA-Faltungen und auf das zu translatierende Protein haben könnten [B 3].

Adipositas – wenn Mutationen dick machen

Bei Adipositas handelt es sich um eine überdurchschnittliche Ansammlung von Fettgewebe im Körper [B 1]. Die Ursachen hierfür sind vielfältig. Adipositas tritt auf, wenn langfristig mehr Nährstoffe aufgenommen als verbraucht werden. Eine bestimmte Gehirnregion, der Hypothalamus, fungiert bei der Appetitregulation über unterschiedliche Stellglieder. Das sogenannte POMC-Protein ist ein Beispiel dafür. Es wird in den Botenstoff MSH umgewandelt, der durch Bindung an spezifische Rezeptoren zur Appetithemmung führt [B 2]. In einigen Fällen sind Mutationen in beteiligten Genen die Ursache der Adipositas [B 3].

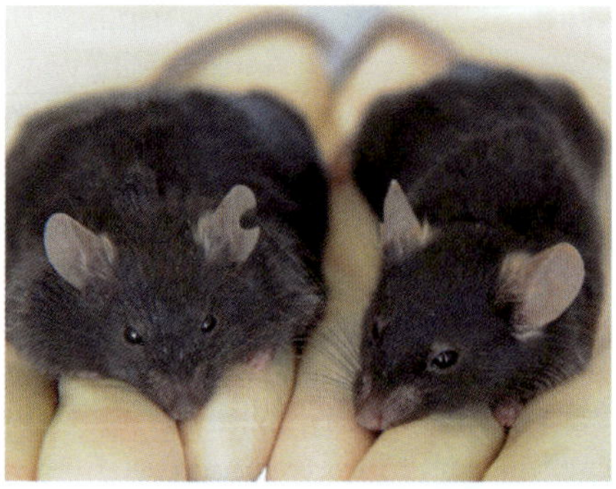

1 Mäuse mit und ohne Adipositas

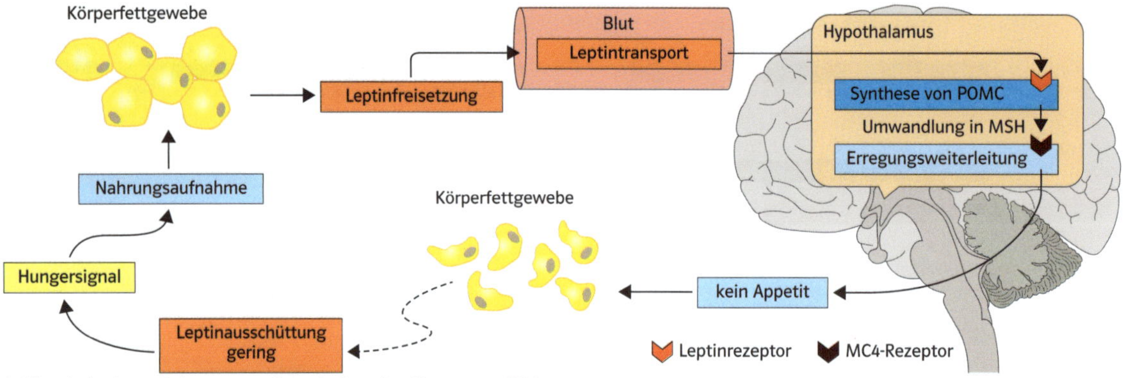

2 Vereinfachtes Schema zur Regulation des Hungergefühls

a) Mutation im Leptin-Gen	
m-RNA einer gesunden Person	5′ … U G G G G G G U G U … 3′
m-RNA eines Betroffenen	5′ … U G G G G G U G U … 3′
b) Mutation im POMC-Gen	
m-RNA einer gesunden Person	5′ … G A C C U G G A G C A C … 3′
m-RNA eines Betroffenen	5′ … G A C C U G U A G C A C … 3′
c) Mutation im MC4-Rezeptor-Gen	
m-RNA einer gesunden Person	5′ … A A G C G G G U U … 3′
m-RNA eines Betroffenen	5′ … A A G C G G A U U … 3′

3 Mutationen von adipösen Betroffenen

Aufgaben

40/100 ● **1** Beschreiben Sie die Regulation des Hungergefühls mit [B 2].

45/100 ● **2** Analysieren Sie die Art der aufgetretenen Mutationen und entwickeln Sie eine Hypothese zu deren Auswirkungen [B 3 und 4].

15/100 ○ **3** Medikamentös kann Adipositas durch die Gabe von Leptin oder MSH behandelt werden. Erläutern Sie, wie diese Therapie für Personen mit den in [B 3] aufgeführten Mutationen geeignet ist.

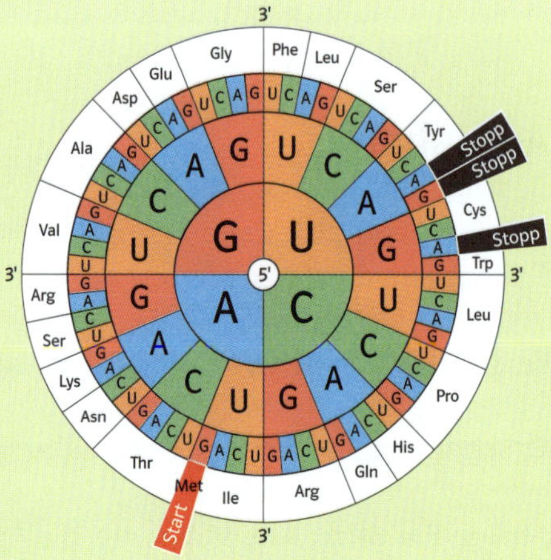

4 Codesonne

Mondscheinkinder

UV-Strahlen können in Hautzellen Mutationen auslösen. Häufig verbinden sich durch die ultraviolette Strahlung zwei Thyminbasen [B 1]. Es entstehen Thymin-Dimere, die die Replikation der Zellen stören und zu Krebs führen können. Ein Reparatursystem im Zellkern behebt in der Regel derartige Schäden [B 2]. Xeroderma pigmentosum (XP) ist eine seltene genetisch bedingte Krankheit, bei der die Betroffenen sehr empfindlich auf Sonnenstrahlen reagieren. Betroffene Personen verlegen daher ihre Aktivität meist in die Nacht. Umgangssprachlich werden sie auch „Mondscheinkinder“ genannt. Kennzeichnend für diese Erkrankung ist die Entstehung von bösartigen Hauttumoren, die häufig bereits im Kindesalter zum Tode führen.

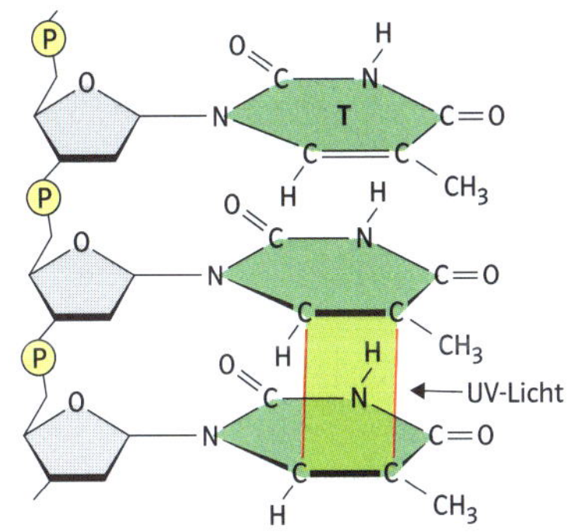

1 Thymin-Dimer

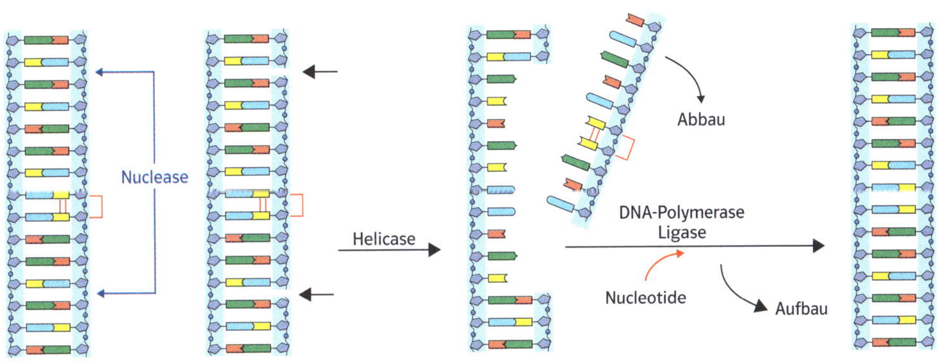

2 DNA Reparatursystem

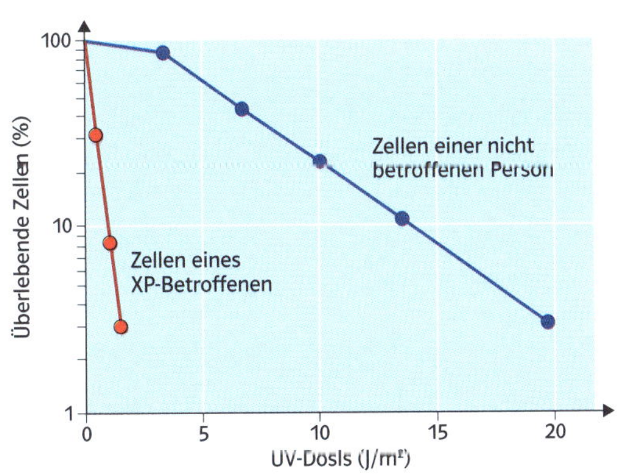

3 Empfindlichkeit von Zellen gegenüber UV-Licht

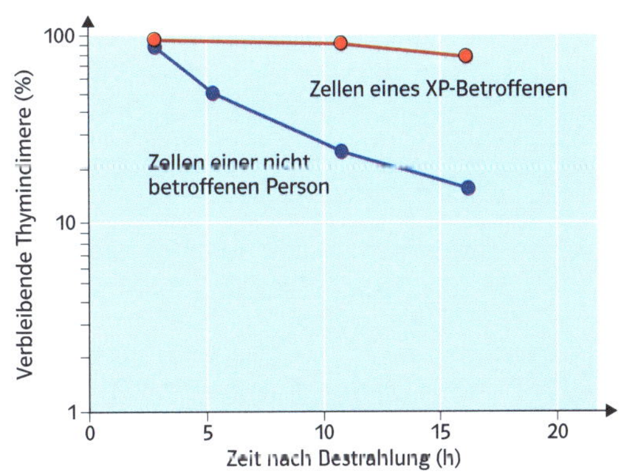

4 Anteil an Thymin-Dimeren nach Bestrahlung

Aufgaben

30/100 ◒ **1** Beschreiben Sie den Reparaturmechanismus beim Vorliegen eines Thymin-Dimers [B 2].

55/100 ● **2** Entwickeln Sie eine Hypothese zur Ursache von Xeroderma pigmentosum. Begründen Sie Ihre Darstellung mit Bezug zu [B 3 und 4].

15/100 ○ **3** Nennen Sie mögliche Maßnahmen, die die Entstehung von Tumoren bei XP-Betroffenen eindämmen können.

Das Wiskott-Aldrich-Syndrom (WAS)

Zellen der Immunabwehr können in Gewebe eindringen, um dort Krankheitserreger zu eliminieren. Hierfür muss sich die Immunzelle verformen, d.h. das Cytoskelett muss umgebaut werden. Bestandteil des Cytoskeletts sind kontraktile Eiweißfäden, die Actinfilamente. Das Wiskott-Aldrich-Protein (WASP), das 502 Aminosäuren umfasst, spielt hierbei eine wichtige Rolle. Es sorgt für die Polymerisation (Zusammenlagerung) von Actinmolekülen zu Actinfilamenten [B 1]. Wird dieses Protein nicht korrekt synthetisiert, spricht man vom Wiskott-Aldrich-Syndrom (WAS). Betroffene Personen zeigen je nach Ausprägung unterschiedliche Störungen bei der Wundheilung bis hin zur Bildung von Tumoren. Kinder mit besonders schweren Symptomen können gentherapeutisch behandelt werden. In diesem Falle wird ein intaktes WASP-Gen in deren Stammzellen eingefügt, die man bei ihnen gewonnen hat [B 3].

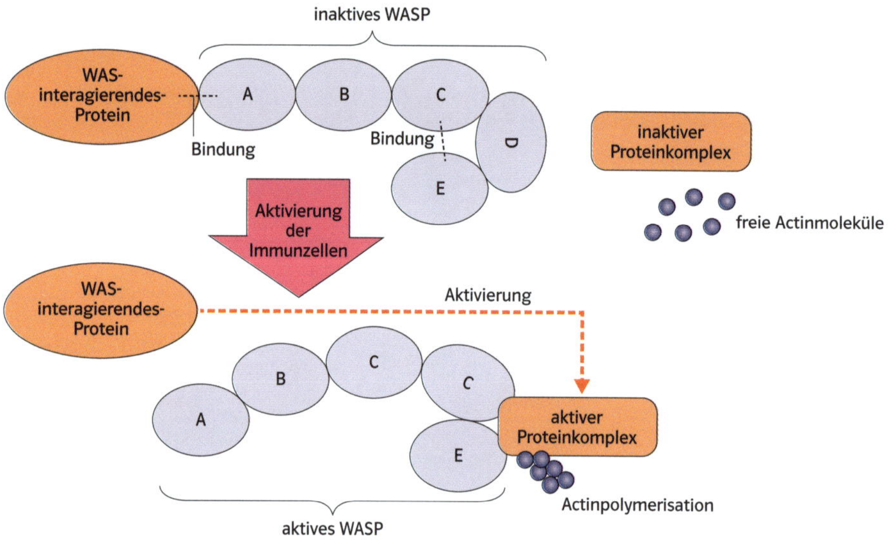

1 Wiskott-Aldrich-Syndrom

Patient	Mutation
1	An Position 290 der DNA befindet sich die Base Thymin anstelle von Cytosin.
2	An Position 71 befindet sich ein Stopp-Codon anstelle eines Codons für eine Aminosäure.
3	Zwischen Position 141 und 142 befindet sich zusätzlich die Base Thymin.

2 Molekulare Ursachen für das WAS

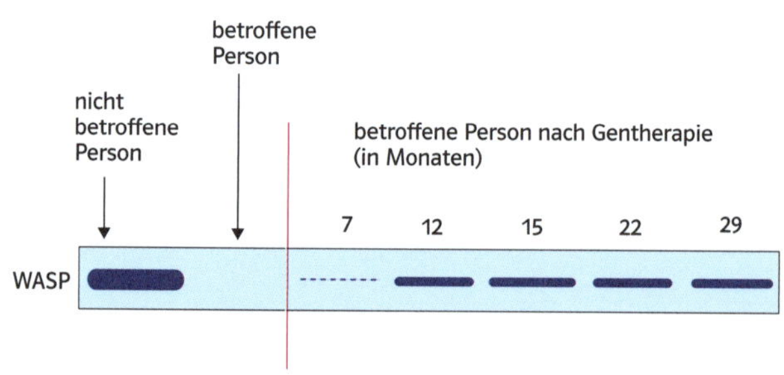

3 Gel-Elektrophorese

Aufgaben

15/100 ○ **1** Beschreiben Sie die Funktion des Wiskott-Aldrich-Proteins [B 1].

55/100 ● **2** Erläutern Sie detailliert für die Patienten 1–3 in [B 2] die molekularen Ursachen für die Erkrankung und stellen Sie Vermutungen zum möglichen Schweregrad der Symptomatik an.

30/100 ◒ **3** Werten Sie die Untersuchungsergebnisse in [B 3] aus.

Blutgruppen – genetische Hintergründe

Alle Menschen haben eine von vier verschiedenen Blutgruppen: A, B, AB oder 0. Die Kenntnis über die Blutgruppen ist z. B. wichtig bei der Bluttransfusion. Wird einem Empfänger Blut der falschen Blutgruppe übertragen, kann das Blut verklumpen. Die Blutgruppen unterscheiden sich durch eine Struktur auf der Membran der Roten Blutzellen. Diese Struktur wird durch ein Gen auf dem Chromosom 9 festgelegt. Es gibt verschiedene Möglichkeiten der Ausprägung. Personen, die phänotypisch Blutgruppe 0 haben, bilden keine spezifischen Strukturen aus. Sie haben im Genotyp die allelen Gene (00). Personen, die im Phänotyp die Blutgruppe A haben, können im Genotyp die allelen Gene (AA) oder (A0) aufweisen. Personen mit der Blutgruppe B haben entsprechend entweder die allelen Gene (BB) oder (B0). Personen mit der Blutgruppe AB bilden beide Strukturen aus und haben die allelen Gene (AB).

Bei der Beschreibung „AB positiv" ist neben der Blutgruppe AB auch der Rhesusfaktor (positiv) angegeben. Der Rhesusfaktor beschreibt eine weitere Struktur auf der Membran von Roten Blutzellen. Diese kann ausgeprägt (positiv) oder nicht ausgeprägt (negativ) sein. Bei heterozygoten Personen kommt es zur Ausprägung der Struktur.

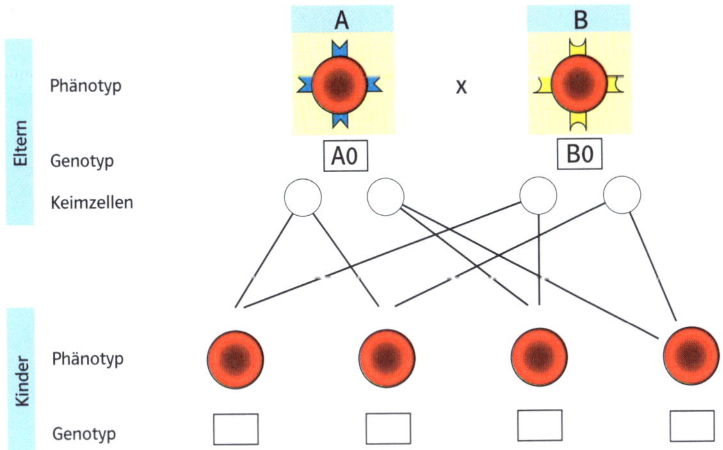

1 Blutgruppen bei Eltern und Kindern

Aufgaben

10/100 ○ **1** Tragen Sie in [B 1] die Allele in den Keimzellen der Eltern sowie Phänotyp und Genotyp der Kinder ein.

20/100 ◒ **2** Die allelen Gene (A) und (B) sind dominant über das allele Gen (0). Erklären Sie die Wahrscheinlichkeit, mit der ein Kind der Eltern aus [B 1] die Blutgruppe 0 aufweist.

20/100 ◒ **3** Prüfen Sie die folgende Aussage: „Die Wahrscheinlichkeit, dass das allele Gen (0) vererbt wird, ist geringer, da die allelen Gene (A) und (B) dominieren."

25/100 ◒ **4** Eine Frau mit der Blutgruppe A negativ hat ein Kind mit der Blutgruppe B negativ bekommen. Weisen Sie nach, welcher der beiden folgenden Männer nicht als Vater in Frage kommt: Mann 1 (A negativ) oder Mann 2 (AB positiv).

25/100 ◒ **5** In einem Krankenhaus wurden zwei neugeborene Jungen vertauscht. Junge 1 weist die Blutgruppe B positiv auf, der Junge 2 hat 0 negativ. Eines der beiden Elternpaare, die Müllers, haben die Blutgruppe A negativ und AB positiv, das andere Elternpaar, die Schmidts, A positiv und B negativ. Ordnen Sie die Kinder den richtigen Elternpaaren begründet zu.

Vererbung bei Drosophila

Bei den Taufliegen *Drosophila melanogaster* sind verschiedene Mutanten bekannt, die in der Wissenschaft gut untersucht sind. Über das Genom dieser Fliegen ist bereits viel bekannt. So weiß man z.B., dass sie vier Chromosomen haben. Für viele verschiedene Merkmale ist auch bekannt, welche Gene für sie codieren, und wo auf den Chromosomen die Gene liegen [B 3].

Eine Mutante hat beispielsweise braune Augen statt roter. Bei einer weiteren Mutante sind die Flügel nach oben gebogen und nicht gerade. In einem Versuch wird eine Mutante mit gebogenen Flügeln und braunen Augen mit Individuen des Wildtyps gekreuzt. Die Wildform hat rötliche Augen und gerade Flügel.

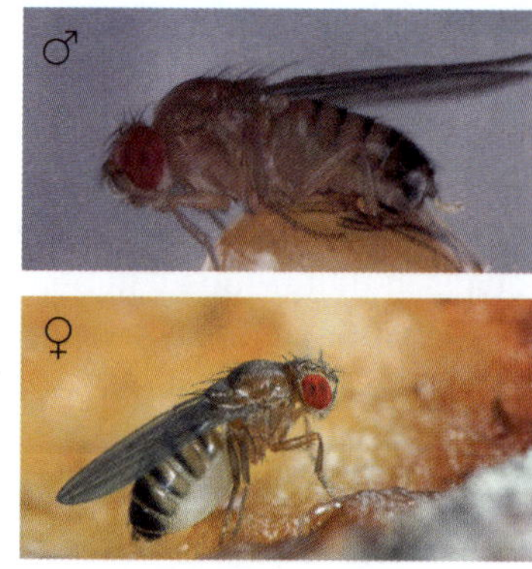

1 Drosophila melanogaster Wildform

Parentalgeneration	Phänotyp	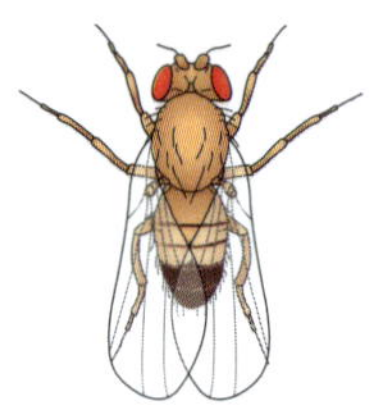	
Filialgeneration 1	Genotyp	AABB	aabb
	Keimzellen	AB	ab
	Genotyp	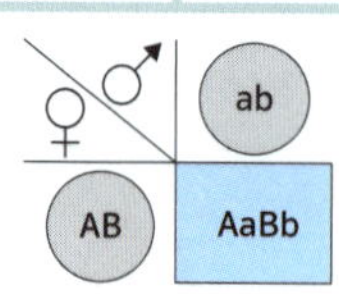	
	Phänotyp	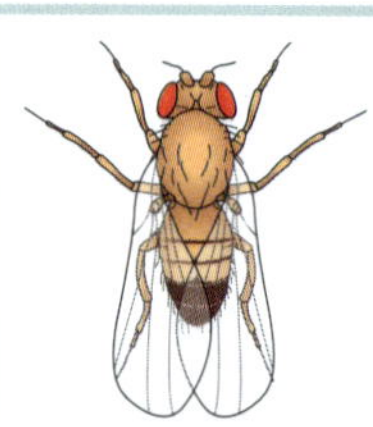	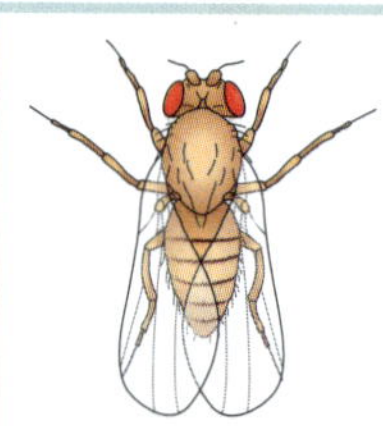
	Genotyp	AaBb	AaBb

2 Kreuzungsschema für Drosophila Wildtyp und Mutante

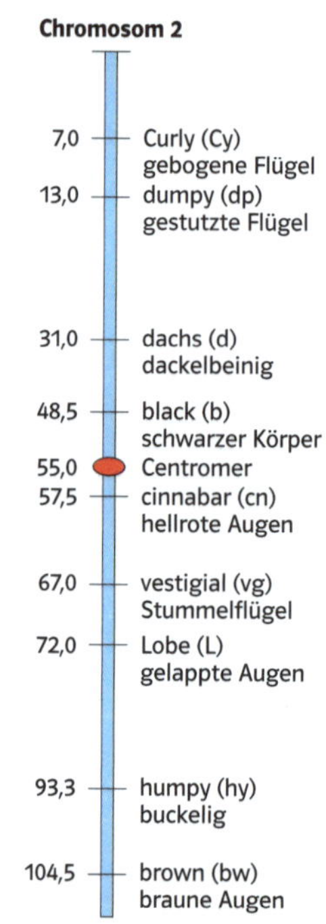

3 Genkarte Chromosom 2

Aufgaben

30/100 ◒ **1** Erstellen Sie ein Kreuzungsschema für die Filialgeneration 2 als Fortführung des Kreuzungsschemas in [B 2].

30/100 ◒ **2** Bestimmen Sie die zu erwartenden Häufigkeiten der Phänotypen in der Filialgeneration 2.

40/100 ● **3** Im durchgeführten Kreuzungsexperiment [B 2] wurden in der Filialgeneration 2 von den Erwartungen abweichende Ergebnisse beobachtet. Es wurden ausschließlich Fliegen des Wildtyps oder mit beiden Mutationen gefunden, und zwar im Verhältnis 3 zu 1. Erklären Sie diese Beobachtung unter Verwendung von [B3].

Der Erbgang bei Muskeldystrophie

Die Muskeldystrophie vom Typ Duchenne ist eine genetisch bedingte, gonosomal vererbte Erkrankung. Sie zeigt sich schon im Kindesalter durch eine geschwächte Muskulatur. Zuerst fällt es den Kindern schwer, aufzustehen oder Treppen zu steigen. Die Betroffenen sind bald auf einen Rollstuhl angewiesen. Im weiteren Verlauf betrifft die Erkrankung auch die Atem- und Herzmuskulatur. Die Lebenserwartung dieser Menschen ist stark vermindert. Bei Personen mit Muskeldystrophie ist die Synthese des Muskelproteins Dystrophin gestört. Die Moleküle sind deutlich zu kurz. Es gibt andere Mutationen des Dystrophin-Gens, bei denen ein leicht verkürztes Protein entsteht, das leistungsfähiger ist. Entsprechende Personen leiden zwar teilweise auch unter Einschränkungen, haben aber eine höhere Lebenserwartung.

Die Produktion des Proteins wird durch ein Gen auf dem X-Chromosom gesteuert, das 79 codierende Exons enthält. Bei der Muskeldystrophie vom Typ Duchenne liegt eine Deletion des Exons 50 vor. Das Exon 50 auf der RNA endet mit einer einzelnen Base (U), die mit den ersten zwei Basen des Exons 51 für die Aminosäure Serin codiert. Nach neueren Studien konnte die Lebenserwartung von Menschen mit Muskeldystrophie vom Typ Duchenne verlängert werden, indem künstlich auch die Transkription des Exons 51 verhindert wurde.

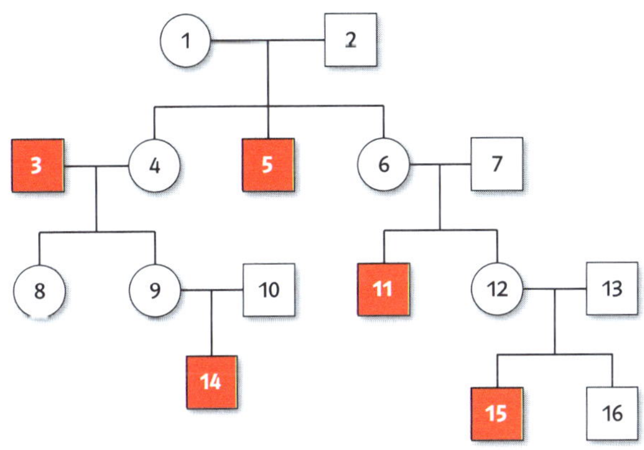

1 Stammbaum einer Familie mit Muskeldystrophie Typ Duchenne

RNA des Exons 50

AGG-AAG-UUA-GAA .... AUU-GGA-GCC-U

Arg Lys Leu Glu Ile Gly Ala Ser

RNA des Exons 51

CU-CCU-ACU-CAG-ACU-GUU-ACU-CUG-GUG-ACA-CAA .... AUG-AUC-AUC-AAG-CAG-AAG

Pro Thr Gln Thr Val Thr Leu Val Thr Gln Met Ile Ile Lys Gln Lys

2 Ausschnitt aus der m-RNA bei einem gesunden Menschen

Aufgaben

15/100 ○ **1** Ermitteln Sie die Genotypen der Familienangehörigen und tragen Sie sie in den Stammbaum ein [B 1].

25/100 ◒ **2** Erklären Sie, warum Muskeldystrophie vom Typ Duchenne in dieser Familie in mehreren Generationen auftritt, obwohl kaum einer der erkrankten Männer Kinder zeugte.

30/100 ◒ **3** Benennen Sie die ersten neun Tripletts des Exons 51, wenn das Exon 50 wie bei den Betroffenen fehlt (Codesonne).

30/100 ◒ **4** Leiten Sie aus [B 2] ab, wieso ein Überspringen des Exons 51 zu einem längeren Protein bei Betroffenen führt. Hinweis: Das Stopp-Codon lautet UAA, UAG oder UGA.

Mukoviszidose

Mukoviszidose, auch Cystische Fibrose genannt, ist eine bei Menschen auftretende bedingte Erkrankung. In Deutschland leben rund 8000 Menschen mit Mukoviszidose (Stand 2017). Jedes Jahr werden ungefähr 200 Kinder mit der Erkrankung geboren. Mukoviszidose wird als Multisystemerkrankung bezeichnet, da je nach Ausprägung viele verschiedene Organe betroffen sein können. Bei vielen Betroffenen wird unter anderem die Atmung durch einen zähen Schleim auf der Lungenoberfläche beeinträchtigt. In der Membran von Lungenepithelzellen befinden sich Chlorid-Ionenkanäle über die Chlorid-Ionen ausgeschieden wird. Diese bewirken, dass der Schleim durch Wasseraufnahme dünnflüssig wird und abgehustet werden kann. Von Mukoviszidose betroffene Personen verfügen entweder über weniger effiziente Chlorid-Ionenkanäle oder sie besitzen überhaupt keine funktionstüchtigen Chlorid-Ionenkanäle.

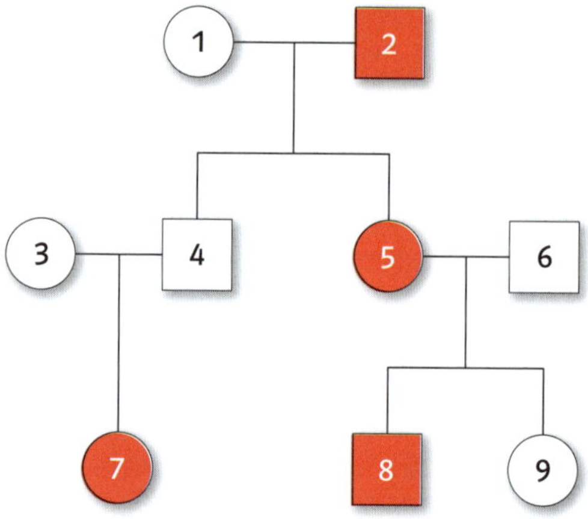

1 Stammbaum mit Mukoviszidose (rot)

Mittlerweile sind über 2000 Veränderungen des betroffenen CFTR-Gens (**C**ystic **F**ibrosis **T**ransmembrane Conduction **R**egulator) bekannt. Bei der in Deutschland am häufigsten auftretende Mutation fehlen drei Basenpaare in der Sequenz, die für die Aminosäure Phenylalanin codieren. Die Chlorid-Ionenkanäle können aufgrund dessen nicht richtig gefaltet werden. Sie werden abgebaut noch bevor sie die Zellmembran erreichen. Mukoviszidose ist bisher noch nicht heilbar. Lediglich die Symptome können behandelt und gelindert werden, um die Lebensqualität von Betroffenen zu verbessern.

Im Jahr 2012 veröffentlichten Forschende einen Therapie-Ansatz, der auf dem Einsatz von RNA beruht. Erste Versuche an Mäusen mit einem ähnlichen Defekt der Chlorid-Ionenkanäle verliefen erfolgsversprechend. Den Mäusen wurde CFTR-mRNA-Lösung in Form eines Sprays über die Atemluft verabreicht, sodass diese in die Lungenepithelzellen gelangen. Bis zu den ersten Versuchen an Menschen ist es aber noch ein weiter Weg.

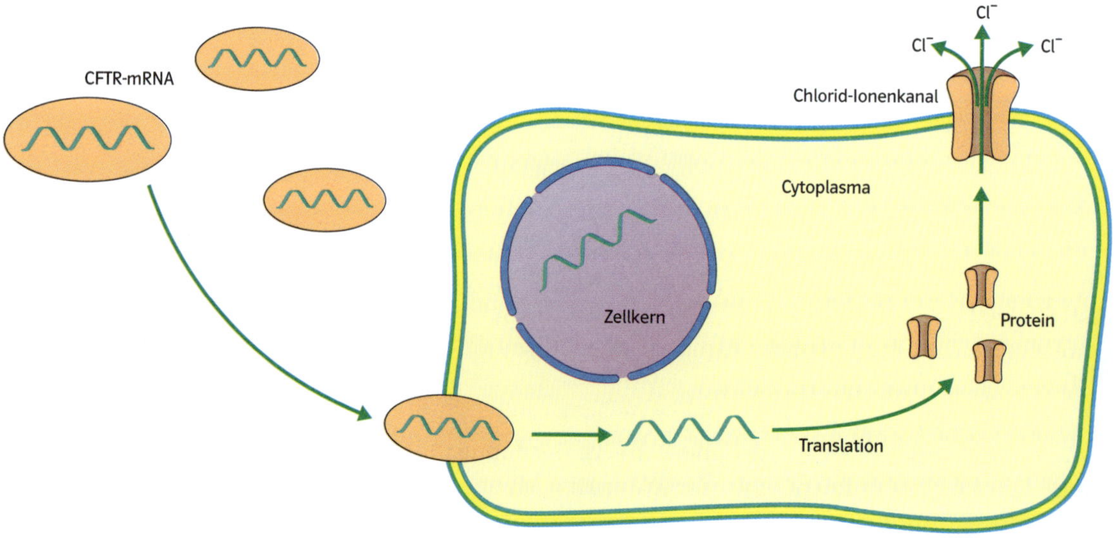

2 Wirkung von RNA-Sprays auf Lungenepithelzellen

Ein weiterer Ansatz in der Forschung nach einem Heilmittel gegen Mukoviszidose ist der Einsatz von sogenannten Genscheren. Ziel ist es, den von der Mutation betroffenen Bereich herauszuschneiden und die ursprüngliche Basensequenz einzusetzen, die zur Synthese von funktionstüchtigen Chlorid-Ionenkanälen führt. In den letzten Jahren ist das sogenannte Prime Editing in den Fokus der Forschung gerückt, eine Weiterentwicklung der CRISPR/Cas-Methode bei der bis zu 30 Basenpaare ausgetauscht werden können [B 3].

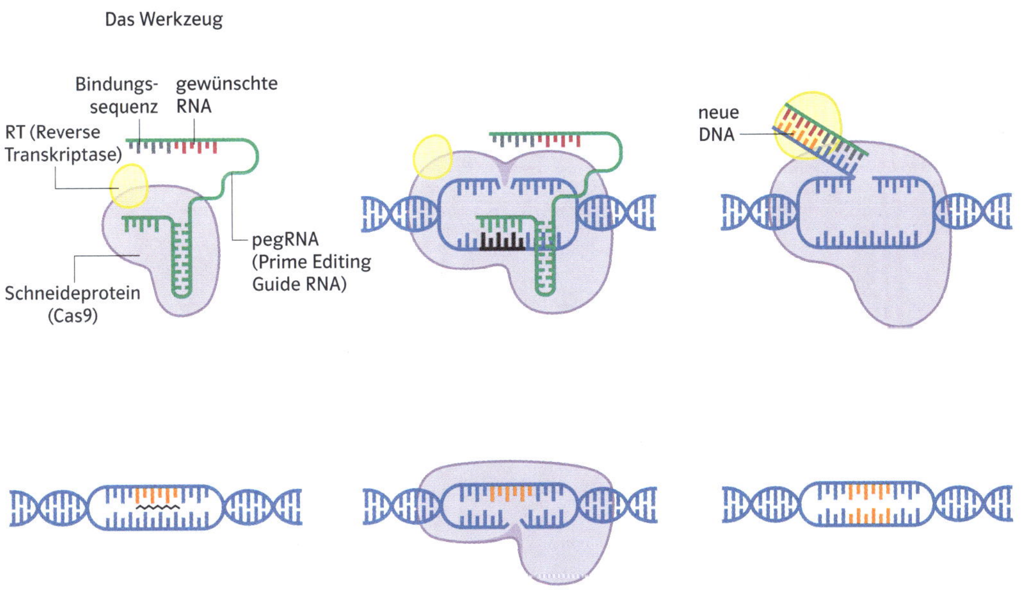

3 Prime Editing

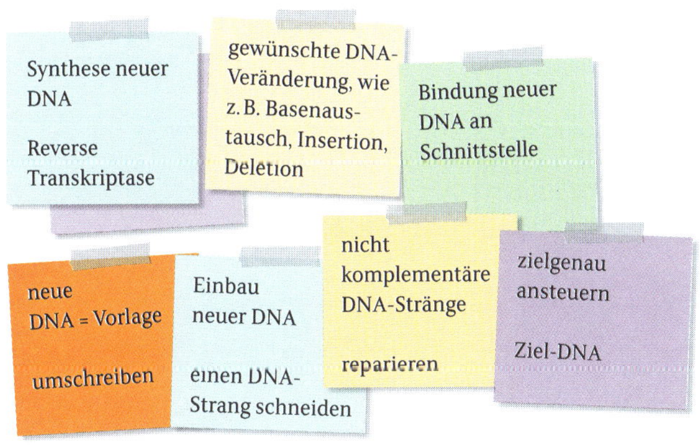

4 Formulierungshilfen

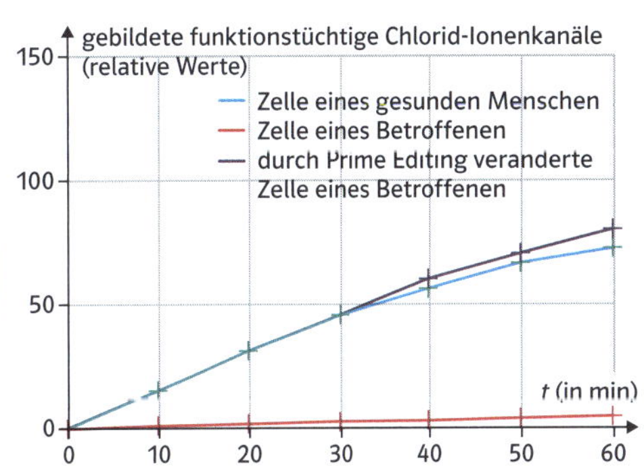

5 Studienergebnisse Prime Editing

Aufgaben

15/100 ○ **1** Ermitteln Sie den in [B 1] vorliegenden Erbgang und begründen Sie ihre Entscheidung.

9/100 ○ **2** Nennen Sie die Genotypen der Familienmitglieder und tragen Sie diese in den Stammbaum ein [B 1].

6/100 ◒ **3** Berechnen Sie die Wahrscheinlichkeit, mit der Person 9 im Stammbaum in [B 1] ein Kind bekommt, dass an Mukoviszidose leidet, unter der Bedingung, dass der Vater des Kindes heterozygot und gesund ist.

20/100 ◒ **4** Leiten Sie aus [B 2] die Wirkung des RNA-Sprays ab.

30/100 ◒ **5** Beschreiben Sie anhand von Bild 3 den Vorgang beim Prime-Editing. Nutzen Sie hierfür die in [B 4] aufgelisteten Formulierungshilfen.

20/100 ◒ **6** Beurteilen Sie die Effektivität von Prime Editing anhand der in [B 5] dargestellten ersten Studienergebnisse.

Karyogramme beim Menschen

In einem Karyogramm sind die Chromosomenpaare dargestellt. Der Mensch verfügt über 23 Paare homologer Chromosomen.

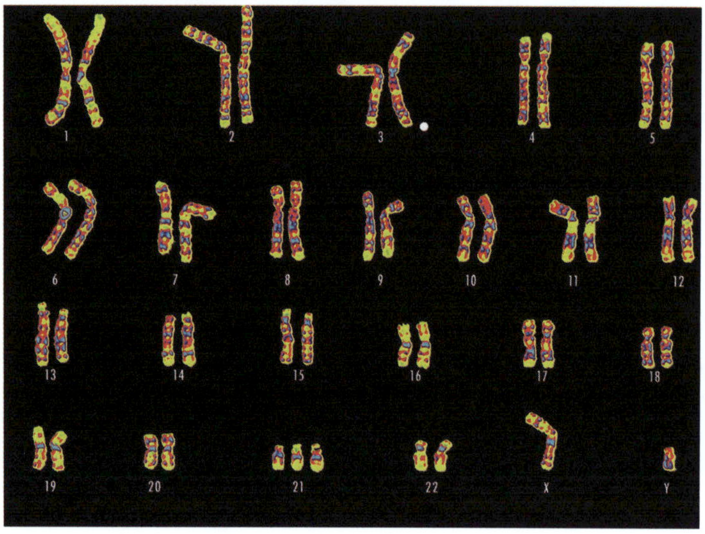

1 Karyogramm einer Person mit Down-Syndrom

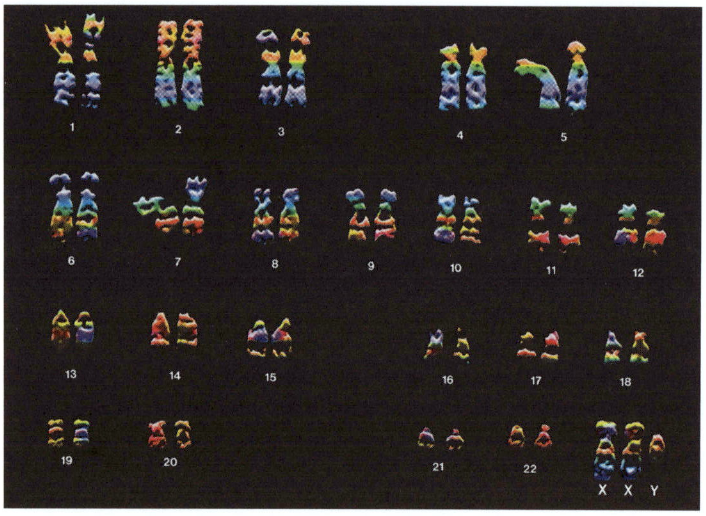

2 Karyogramm einer Person mit Klinefelter-Syndrom

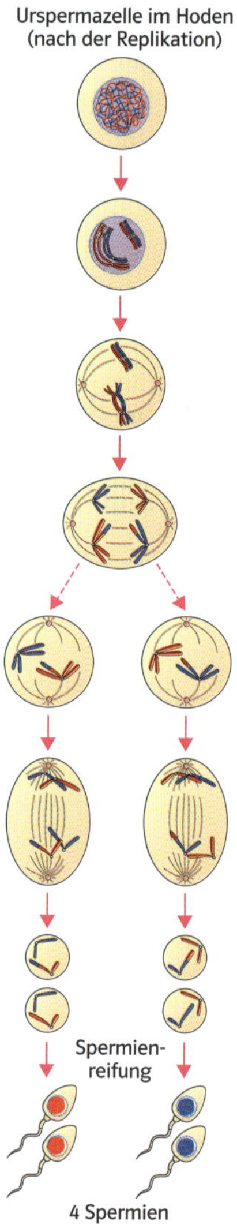

3 Schematische Darstellung der Meiose

Aufgaben

15/100 ◒ **1** Kennzeichnen Sie die Gonosomen und Autosomen in [B 1] in zwei verschiedenen Farben und erklären Sie den Unterschied.

10/100 ○ **2** Nennen Sie das phänotypische Geschlecht der Person, deren Karyogramm in [B 1] zu sehen ist.

20/100 ◒ **3** Diskutieren Sie, welches Geschlecht die Person mit dem Karyogramm aus dem [B 2] hat.

20/100 ◒ **4** Vergleichen Sie die beiden Karyogramme [B 1 und 2]. Nennen Sie Besonderheiten.

35/100 ● **5** Skizzieren Sie die Entstehung einer Trisomie durch eine Nondisjunction in der zweiten Reifeteilung. Orientieren Sie sich an [B 3].

Lactoseintoleranz

Personen mit Lactoseintoleranz vertragen den Milchzucker Lactose nicht. Bei ihnen führt der Verzehr von Milchprodukten zu Bauchschmerzen, Blähungen und Durchfall. Lactose ist ein Disaccharid, das im Dünndarm mithilfe des Enzyms Lactase in Glucose und Galactose zerlegt wird. Diese Monosaccharide werden dann resorbiert. Personen mit Lactoseintoleranz weisen in der Basensequenz des Lactase-Gens keine Abweichungen zu Lactosetoleranten auf. In der vorgeschalteten Verstärkerregion (MCM6-Gen) findet man jedoch Abweichungen. Hier befindet sich die Bindungsstelle des Transkriptionsaktivators OCT 1. Bei lactosetoleranten Personen bindet der Aktivator wesentlich stärker. Lactoseintoleranz lässt sich nachweisen, indem man einer Person 50 g Lactose verabreicht und dann die Glucosekonzentration im Blut misst.

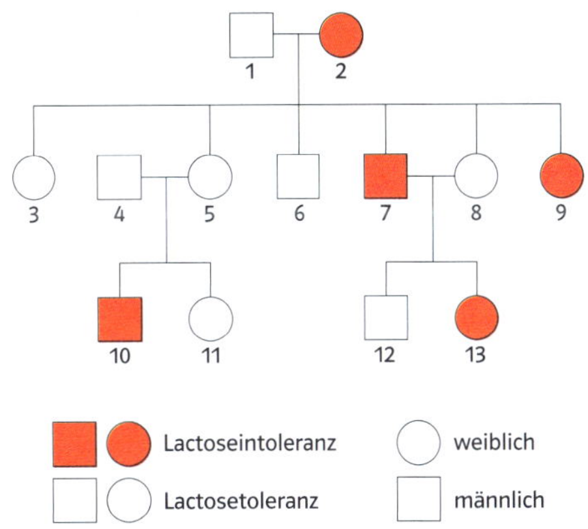

1 Stammbaum einer betroffenen Familie

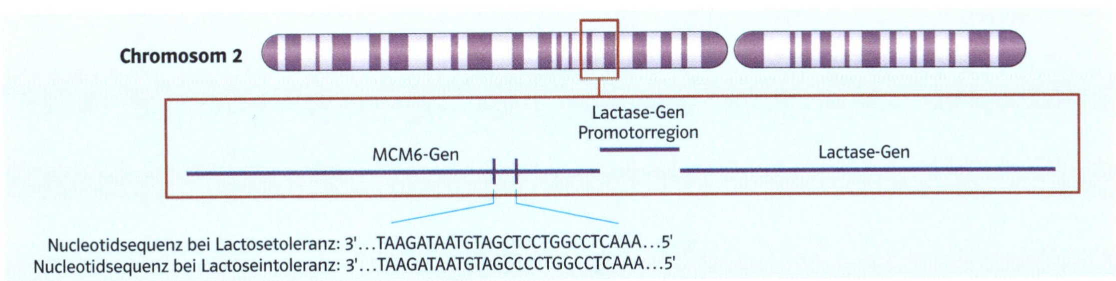

2 Lokalisation und Nucleotidsequenzen des MCM6-Gens

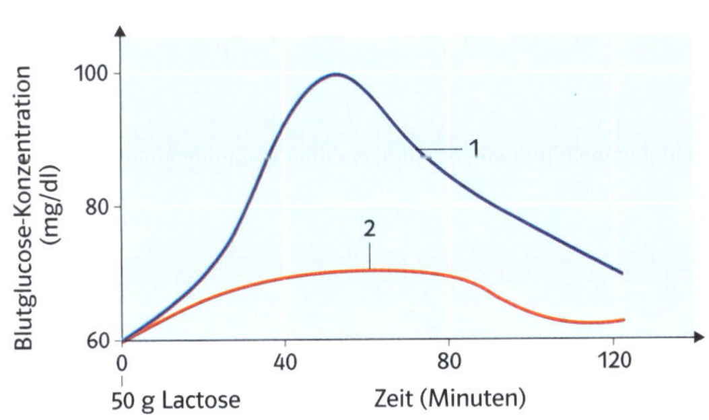

3 Testverfahren zur Lactoseintoleranz

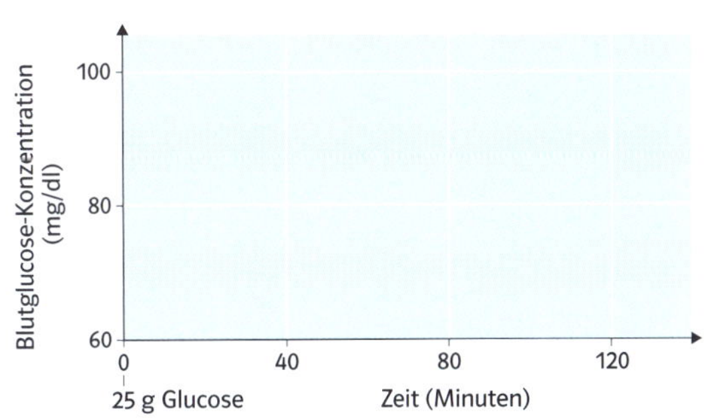

4 Glucosekonzentration nach Gabe von 25 g Glucose

Aufgaben

30/100 ◒ **1** Analysieren Sie den Stammbaum in [B 1], indem Sie die möglichen Genotypen der Personen in einer Tabelle für alle Erbgänge angeben bzw. kennzeichnen, bei welcher Person ein Erbgang als erstes scheitert.

30/100 ◒ **2** Erklären Sie die molekularbiologischen Ursachen der Lactoseintoleranz unter Berücksichtigung von [B 2].

10/100 ○ **3** Ordnen Sie die beiden Kurvenverläufe dem Testergebnis einer nicht betroffenen und einer von Lactoseintoleranz betroffenen Person zu. Begründen Sie Ihre Zuordnung [B 3].

30/100 ◒ **4** Zeichnen Sie in [B 4] Kurvenverläufe ein, die sich nach Aufnahme von 25 g Glucose bei einer lactosetoleranten und bei einer lactoseintoleranten Person zeigen würden, und begründen Sie den Verlauf.

Echtzeit-PCR

Unter Echtzeit-PCR (engl. Real-time-PCR) versteht man eine PCR-Methode, bei der der Reaktionsverlauf über eine Lichtemission verfolgt werden kann, während die PCR noch läuft. Neben den typischen PCR-Materialien, wie z.B. Primer, Taq-Polymerase usw., werden dafür DNA-spezifische Sonden benötigt. Diese Sonden bestehen aus kurzen einzelsträngigen DNA-Oligonucleotiden. Sie sind jeweils an einen Fluoreszenzfarbstoff (Reporter) und einen Quencher (Unterdrücker) gebunden. Werden Farbstoff und Quencher im Verlauf der PCR getrennt, wird Licht abgegeben [B 1]. Dadurch können die PCR-Produkte quantitativ ermittelt werden: Je mehr Licht emittiert wird, desto mehr liegt von dem jeweiligen PCR-Produkt vor.

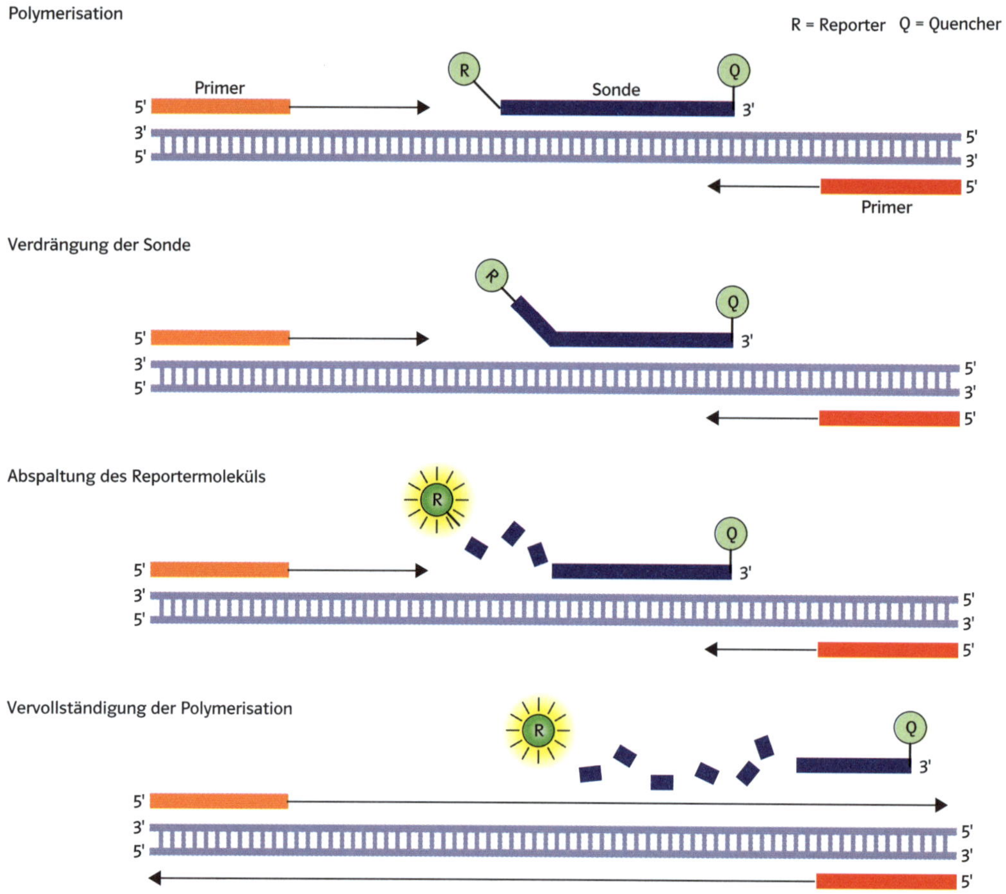

1 Echtzeit-PCR

Aufgaben

25/100 ◒ **1** Beschreiben Sie die Methode der Echtzeit-PCR mit Bezug auf [B 1].

45/100 ● **2** [B 2] zeigt das Ergebnis einer Genotypenbestimmung. Die Sonde wurde komplementär zur DNA-Sequenz mit einer bestimmten Mutation gewählt. Erklären Sie die unterschiedliche Fluoreszenz der drei DNA-Proben.

30/100 ◒ **3** Zeigen Sie am Beispiel der Genotypenbestimmung die Vorteile der Methode einer Echtzeit-PCR gegenüber der herkömmlichen PCR auf.

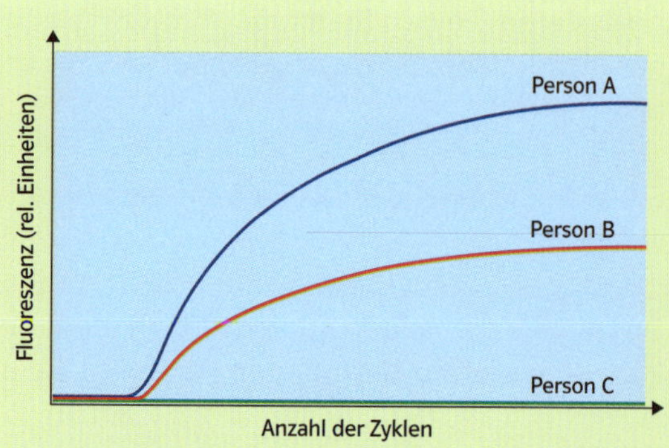

2 Ergebnis einer Echtzeit-PCR

Epigenetische Mechanismen bei der Honigbiene

Während sich die Arbeiterinnen eines Bienenstaats z. B. als Ammen um die Brut kümmern oder als Sammlerinnen Nektar und Pollen in den Stock schaffen, ist die Königin damit beschäftigt, Eier zu legen. Lange ist bekannt, dass sich Bienen je nach der Nahrung, mit der sie im Larvenalter gefüttert werden, entweder zu Arbeiterinnen oder zur Königin entwickeln. Zukünftige Königinnen werden mit einem Saft namens Gelée royale gefüttert, Arbeiterinnen erhalten ein Gemisch aus Pollen und Nektar. Die Aufnahme von Gelée royale bewirkt, dass an bestimmten Stellen der DNA Methylgruppen gebunden werden. Dadurch werden die Gene häufig weniger oder gar nicht mehr exprimiert. Dies bedingt letztlich die Unterschiede in Körperbau und Verhalten von Königin und Arbeiterinnen.

Arbeiterinnen machen im Laufe ihres Lebens unterschiedliche Verhaltensänderungen durch. Mit 3 Tagen betätigen sich diese Bienen als Ammen. Es folgen später ganz unterschiedliche Aufgaben im Stock. Mit 16 Tagen fliegen die jungen Bienen dann aus und beginnen als Sammlerinnen auf Nahrungssuche zu gehen. Nun haben Forscher festgestellt, dass Sammlerinnen ihren „Beruf" wieder wechseln und zu Ammen werden, wenn man zuvor alle Bienenammen aus einem Stock entfernt [B 1].

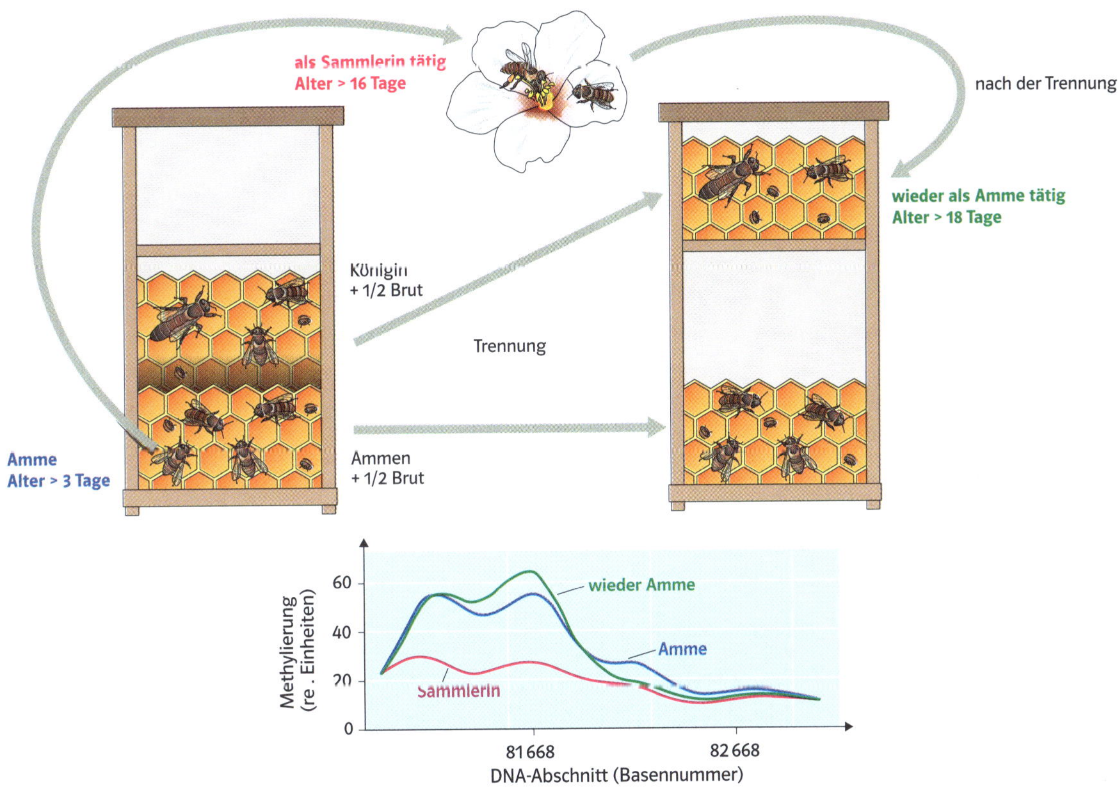

1 Experiment zum unterschiedlichen Methylierungsmuster in verschiedenen „Berufen" der Honigbiene

Aufgaben

25/100 ◒ **1** Fassen Sie kurz die Versuchsdurchführung und die Ergebnisse zur Untersuchung der DNA-Methylierung zusammen [B 1].

60/100 ● **2** Erläutern Sie den Zusammenhang zwischen DNA-Methylierung und „Beruf" der Arbeiterinnen.

15/100 ○ **3** Nehmen Sie Stellung zur Aussage: „Die Umwelt beeinflusst die Gene".

Fluch und Segen von Genaktivierung

Alle Zellen eines Organismus besitzen das identische genetische Material. Trotzdem unterscheiden sie sich in ihren Eigenschaften und Funktionen. Möglich ist dies durch die Aktivierung und Inaktivierung von Genen durch Transkriptionsfaktoren. Dies führt in den verschiedenen Zelltypen zu unterschiedlichen Expressionsraten von Genen. Die Aktivierung von Genen kann z. B. durch Hormone erfolgen [B 1 und 2]. Sie wirken auf Proteine, die als Transkriptionsfaktoren die Transkription ermöglichen (Enhancer) oder hemmen (Silencer).

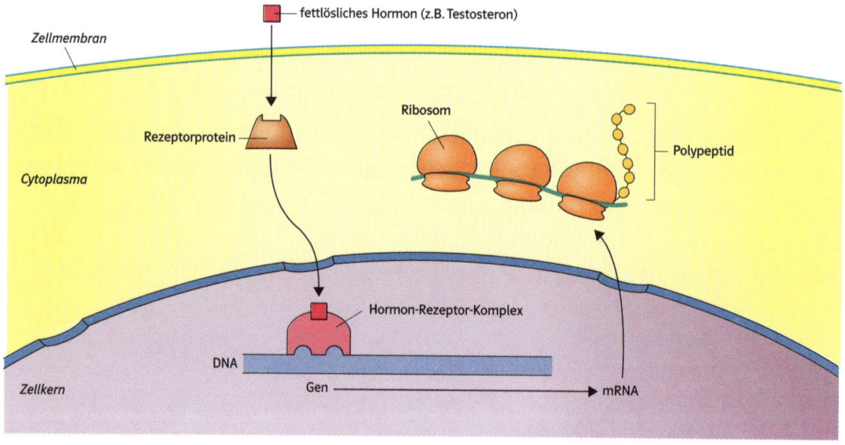

1 Genaktivierung durch ein fettlösliches Hormon

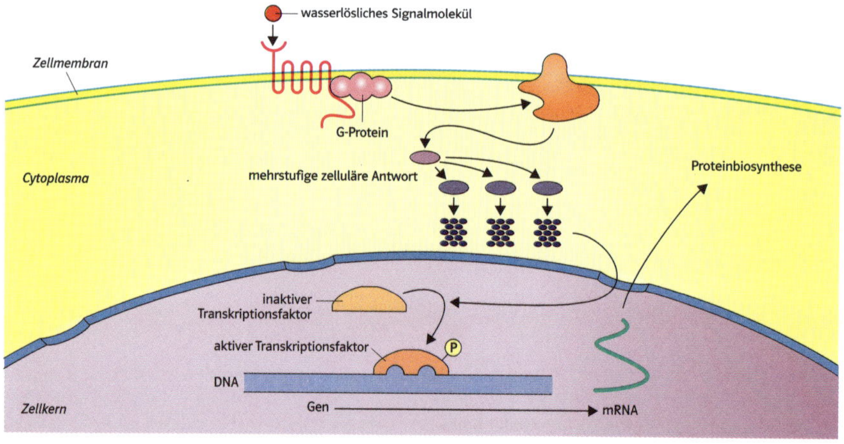

2 Genaktivierung durch ein wasserlösliches Hormon

Eine natürlich vorkommende Mutation des Muskelwachstums-Protein Myostatin führt bei Tieren der Rinderrasse „Weißblaue Belgier" zu vermehrtem Muskelwachstum [B 3]. Die Rinder haben bei der Schlachtung einen hohen Fleischertrag von besonders magerem Fleisch. Daher ist diese Rinderrasse für die Züchtung beliebt. Für die Wissenschaft ist die durch die Mutation hervorgerufene Inaktivierung des Proteins Myostatin ebenfalls von Interesse. Auch bei Menschen ist die seltene Genmutation bekannt. Neben dem vermehrten Muskelwachstum gibt es auch Erkrankungen, bei denen das Muskelwachstum vermindert ist. Bei Betroffenen bauen die Muskeln im Körper nach und nach ab. Die Muskelkraft geht verloren. Ein detailliertes Wissen über die Regulation des Proteins Myostatin kann dabei helfen den Prozess zu verlangsamen oder sogar aufzuhalten.

Die Kenntnisse über die Beeinflussung der Genaktivierung können jedoch auch missbräuchlich zur bewussten Leistungssteigerung verwendet werden. In einigen Sportarten ist es beispielsweise von Vorteil einen hohen Anteil an Muskelmasse zu besitzen. Ein vermehrtes Muskelwachstum kann daher zu besseren sportlichen Leistungen führen. Neben der bekannten missbräuchlichen Verwendung von Substanzen zur Leistungssteigerung, rückt auch das sogenannte Gen-Doping in den Fokus. Hierbei handelt es sich um den Missbrauch gentherapeutischer Maßnahmen mit dem Ziel der Leistungssteigerung. Myostatin ist ein Beispiel für den Einsatz gentherapeutischer Maßnahmen zur Leistungssteigerung. Es hemmt das Muskelwachstum im menschlichen Körper, damit die Muskeln nicht unkontrolliert wachsen. In einer Studie an Mäusen haben Forschende die Regulation des Proteins Myostatin analysiert, indem sie mithilfe eines Vektors ein Gen eingebracht haben, welches für ein Protein codiert, das als Gegenspieler zu Myostatin bekannt ist. Die Ergebnisse der Studie sind in [B 4 und 5] dargestellt.

Zeit nach der Injektion (Wochen)	Umfang der Oberschenkelmuskulatur (cm)	
	Kontrolle	nach Injektion vom Fremd-DNA
0	15,8	16
4	17	16
8	17,5	16,1
12	18	16,1
16	18	16,3
20	18	16,3

3 Veränderung der Oberschenkelmuskulatur ohne und nach Injektion von Fremd-DNA

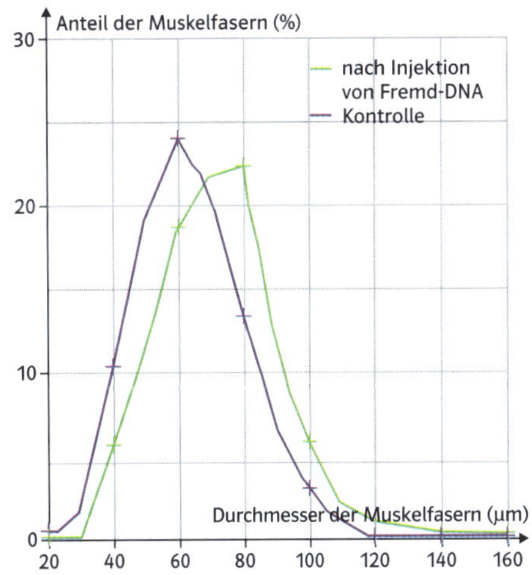

4 Anteil an vorhandenen Muskelfasern ohne und nach Injektion von Fremd-DNA

Neben der Muskelvergrößerung wurde auch die Kraft der Muskeln gemessen. Hierfür wurde gemessen, wann die Muskulatur zuckt und wann sie dauerhaft kontrahiert ist.

	Zucken der Muskulatur (N)			dauerhafte Kontraktion der Muskulatur (N)		
	Kontrolle	Nach Injektion von Fremd-DNA	Steigung der Muskelkraft (%)	Kontrolle	Nach Injektion von Fremd-DNA	Steigung der Muskelkraft (%)
Tier 1	17,0	19,0		65,0	73,0	
Tier 2	4,2	5,7		24,0	42,0	

5 Analyse der Muskelkraft

Aufgaben

10/100 ○ **1** Beschreiben Sie das Prinzip der Genaktivierung anhand von [B 1].

15/100 ◒ **2** Vergleichen Sie die beiden Varianten der Genaktivierung in [B 1 und 2].

12/100 ○ **3** Erklären Sie den unterschiedlichen Zelleintritt der beiden Hormontypen mit Bezug auf den Eigenschaften von Biomembranen.

12/100 ○ **4** Zeichnen Sie die Ergebnisse aus [B 3] in ein geeignetes Koordinatensystem und begründen Sie den von Ihnen gewählten Diagrammtyp.

20/100 ◒ **5** Beschreiben Sie die in [B 3 und 4] dargestellten Ergebnisse der Studie.

16/100 ◒ **6** Berechnen Sie die Steigung der Muskelkraft [B 7] und tragen Sie die Ergebnisse dort ein. Beurteilen Sie anhand der vorliegenden Daten die Wirksamkeit des beschriebenen Mechanismus für den Einsatz bei (genetisch bedingten) Erkrankungen, die Muskelschwund verursachen [B 4, 6 und 7].

15/100 ◒ **7** Nehmen Sie Stellung zur Überschrift des Arbeitsblattes.

Die tropische Tigermücke in Deutschland

Die tropische Tigermücke stammt aus Südostasien. Da diese Stechmücke als tagaktives Tier relativ schnell beim Blutsaugen entdeckt wird, nimmt sie einen häufigen Wirtswechsel vor. Infizierte Mücken können dabei eine Vielzahl von Krankheitserregern übertragen, die z. B. beim Menschen Dengue-, Zika- oder Gelbfieber verursachen. Hunde und Katzen können durch diese Mücke mit dem Hundeherzwurm infiziert werden, wobei der Krankheitsverlauf tödlich ist. Seit 2011 wird diese Mückenart immer häufiger in Deutschland nachgewiesen.

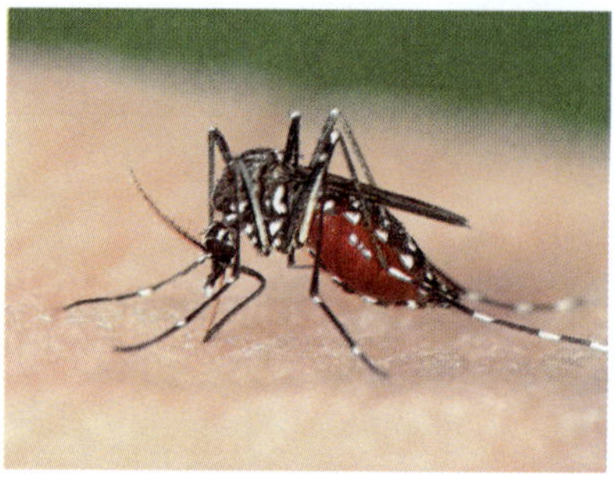

1 Asiatische Tigermücke

Die kühlen Winter hierzulande sollten eigentlich einer Ausbreitung der tropischen Mücken entgegenstehen. Dennoch wurden bereits 2015 einige fest etablierte Mückenpopulationen nachgewiesen. Wissenschaftler haben herausgefunden, dass ein epigenetischer Anpassungsmechanismus es den Tieren ermöglicht, schlagartig mit der kalten Jahreszeit zurechtzukommen. Ein Forscherteam konnte durch die Gabe von Vinclozolin (ein Fungizid) und Genestein (ein Pflanzenhormon) die Frostresistenz der Mückeneier deutlich erhöhen. Beide Substanzen haben Auswirkungen auf das Methylierungsmuster der DNA.

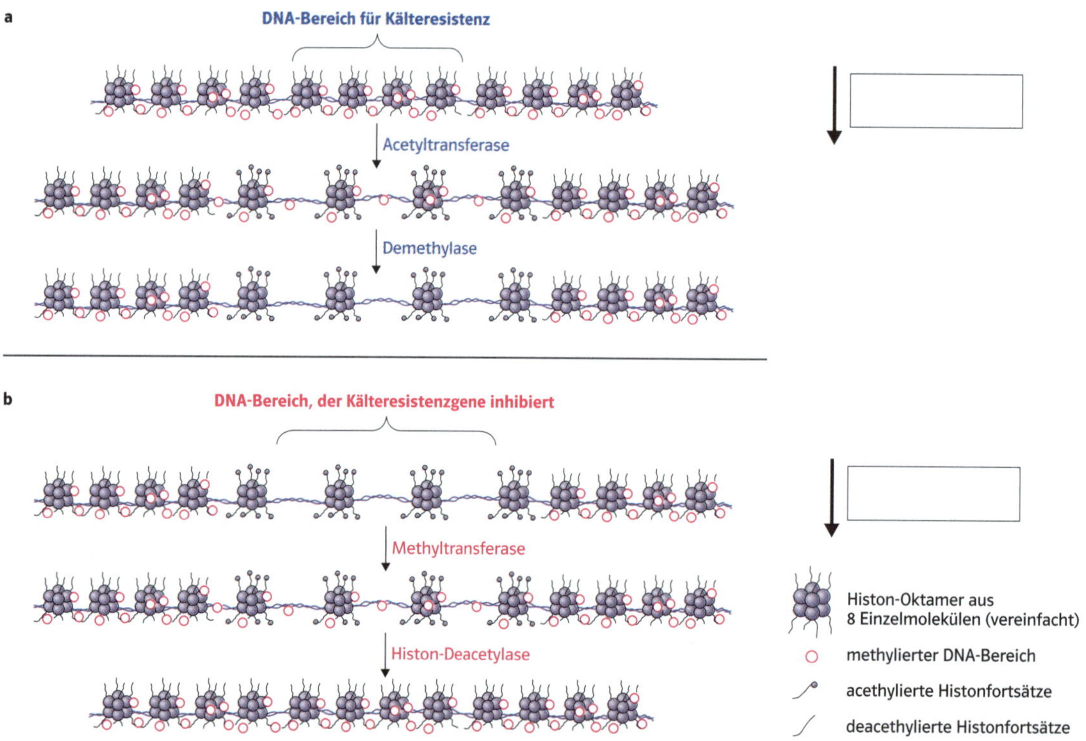

2 Mögliche epigenetische Mechanismen zur erworbenen Frostresistenz der Tigermücke (stark vereinfacht)

Aufgaben

20/100 ○ **1** Ordnen Sie die Begriffe Methylierung und Acetylierung den freien Kästchen in [B 2] zu und erläutern Sie kurz diese Vorgänge.

45/100 ● **2** Erläutern Sie, wie epigenetische Mechanismen zur rasanten Ausbreitung der Tigermücke in Deutschland beitragen könnten [B 2].

35/100 ◒ **3** Stellen Sie dar, welche Untersuchungen folgen sollten, um die Annahme der Wissenschaftler zu untermauern.

Proto-Onkogene und Tumorsuppressorgene

Es gibt eine Vielzahl von Genen, die die Zellteilungen regulieren und kontrollieren. Diese Gene lassen sich in zwei Gruppen unterteilen: Proto-Onkogene und Tumorsuppressorgene. Zu den Proto-Onkogenen gehören alle Gene, die die Zellteilung fördern. Treten Mutationen in diesen Genen auf, können sie zu Onkogenen (Krebs-Genen) werden. Mit Tumorsuppressorgenen sind alle Gene gemeint, die Zellteilungen hemmen. Auch Mutationen in diesen Genen können Krebs auslösen.

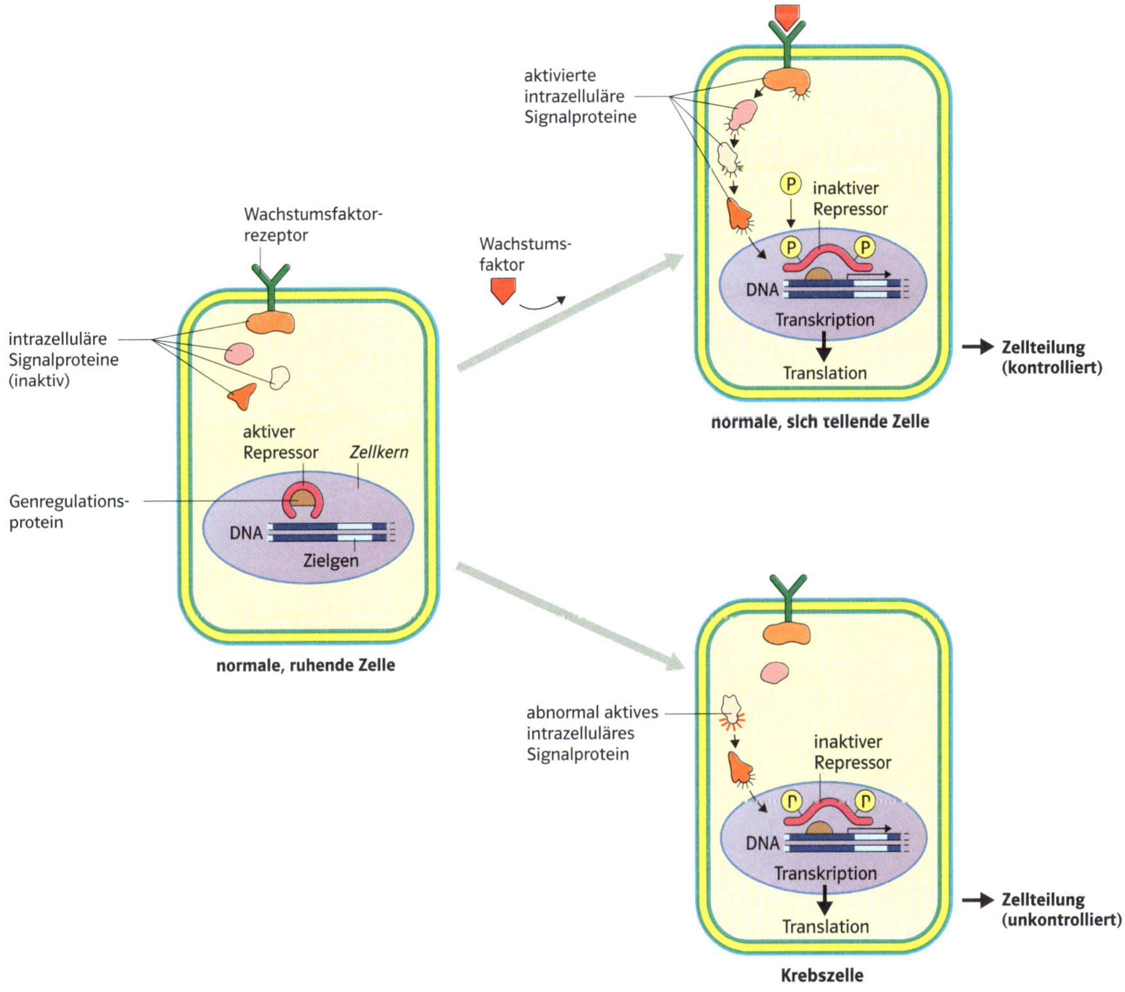

1 Regulation der Zellteilung

Aufgaben

50/100 ● **1** Stellen Sie den Ablauf einer kontrollierten Zellteilung den Vorgängen bei einer unkontrollierten Teilung gegenüber [B 1].

10/100 ○ **2** Ordnen Sie begründet das Gen, das in Folge einer Mutation für ein bereits aktiviertes Signalprotein codiert, den Tumorsuppressorgenen oder Proto-Onkogenen zu [B 1].

20/100 ◒ **3** Während bei Proto-Onkogenen eine Mutation auf einem Allel ausreicht, um Krebs auszulösen, müssen bei einem Tumorsuppressorgen beide Allele von einer Mutation betroffen sein. Erläutern Sie.

20/100 ◒ **4** Stellen Sie eine Hypothese auf, warum mit steigendem Alter die Gefahr zunimmt, an Krebs zu erkranken.

Hämochromatose – Iron Man wider Willen

Eisen wird vom Körper unter anderem für den Aufbau von Proteinen und Roten Blutzellen benötigt. Nach der Nahrungsaufnahme gelangen Eisen-Ionen über das Darmepithel in die Blutbahn und dann zur Leber. In der Leber findet die Regulation des Eisenvorrates statt [B 2]. Eine Mutation des HFE-Gens führt zu erhöhten Eisenkonzentrationen in den Leberzellen [B 1]. Die daraus resultierende Erkrankung wird als Hämochromatose bezeichnet. Etwa zwei bis fünf Personen von 1000 sind betroffen. Zu den ersten Symptomen zählt neben einer Lebervergrößerung das Auftreten von Diabetes. Betroffene fühlen sich häufig schwach und müde. Durch Eiseneinlagerungen in den Zellen leiden Betroffene später an Gelenkentzündungen und Herzbeschwerden, wie Herzrhythmusstörungen oder Herzschwäche. Aufgrund der sehr vielfältigen Symptome wird die Erkrankung meist nicht direkt als Ursache erkannt. Daher kann es bei Betroffenen im fortgeschrittenen Stadium zu Organschäden kommen. Bei einer Beratungsstelle können sich Paare mit Kinderwunsch in deren Familien genetisch bedingte Erkrankungen wie Hämochromatose häufiger auftreten über die genetischen Risiken für ihren Nachwuchs informieren. Hierfür kann z. B. der Familienstammbaum analysiert werden [B 3]. Zur Diagnose von Hämochromatose eignet sie die Methode der Gel-Elektrophorese. Dafür wird der DNA-Probe nach erfolgter PCR ein Restriktionsenzym mit der Schnittstelle 3′ CA/TG 5′ hinzugefügt [B 4].

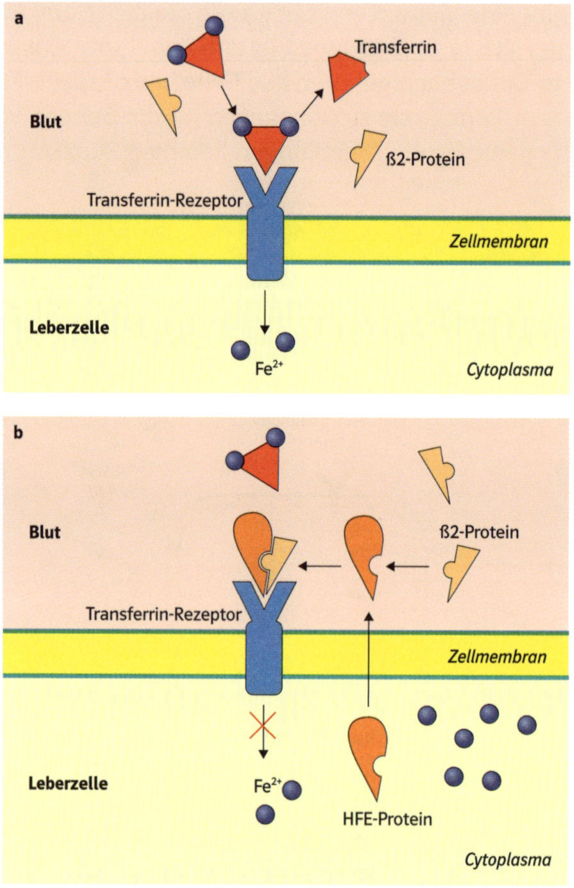

1 Regulation der Eisen-Ionenaufnahme

gesunde Person:
3′ … A C A T G G G … T G C A C G G T C C A C … 5′

erkrankte Person:
3′ … A C A T G G G … T G C A T G G T C C A C … 5′

… 43 44 45 46 47 48 49 … 71 72 73 74 75 76 77 78 79 80 81 82
(Position)

2 HFE-Gen einer gesunden und einer erkrankten Person

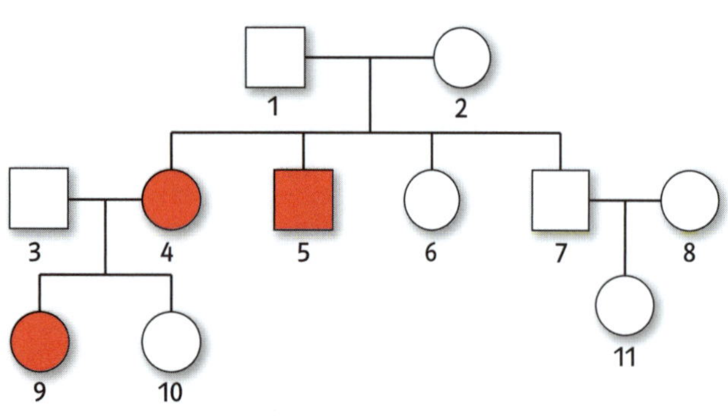

3 Familienstammbaum einer Familie mit Hämochromatose

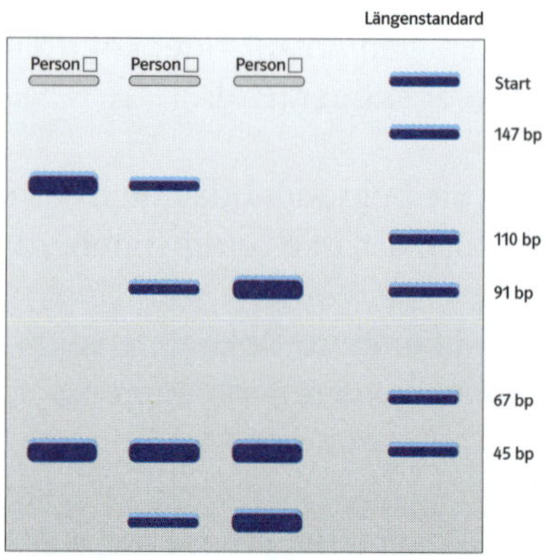

4 Bandenmuster einer Gel-Elektrophorese

Hämochromatose wird in erster Linie durch den sogenannten Aderlass therapiert. Betroffenen wird je nach vorhandenem Eisenwert in regelmäßigen Abständen Blut (ca. 500 ml) entnommen. Dies kann zu Beginn der Therapie mitunter wöchentliche Blutentnahmen bedeuten. Sinkt hierdurch der Eisenwert mit der Zeit, kann die Häufigkeit entsprechend reduziert werden. Der Aderlass stellt eine kostengünstigen und sehr effektiven Therapiemöglichkeit dar.

Argumente, die für einen verpflichtenden genetischen Test auf Hämochromatose sprechen	Argumente, die dagegen sprechen, dass alle Menschen auf Hämochromatose getestet werden

5 Argumente für und gegen einen verpflichtenden Gentest auf Hämochromatose

Aufgaben

15/100 ○ **1** Beschreiben Sie die Regulation der Eisenaufnahme in den Leberzellen [B 1].

10/100 ○ **2** Leiten Sie unter Zuhilfenahme einer Codesonne die genetische Ursache für Hämochromatose ab und erläutern Sie auf molekularer Ebene die Auswirkungen [B 1 und B 2].

18/100 ◒ **3** Analysieren Sie den Vererbungsmodus des vorliegenden Stammbaums und geben Sie die Genotypen aller Personen an [B 3].

15/100 ○ **4** Analysieren Sie die Gel-Elektrophorese in [B 4], indem Sie den drei Bandenmustern jeweils eine mögliche Person aus dem Stammbaum zuordnen. Nehmen Sie hierfür [B 1] zu Hilfe, indem Sie zunächst die Schnittstellen des Restriktionsenzyms kennzeichnen. Begründen Sie ihre Zuordnung.

12/100 ○ **5** Nennen Sie weitere mögliche Gründe neben dem Vorhandensein einer genetisch bedingten Erkrankung wie Hämochromatose innerhalb der Familie, für die eine genetische Beratung in Frage kommt.

30/100 ● **6** Diskutieren Sie den Vorschlag, dass sich alle Menschen einem verpflichtenden genetischen Test auf Hämochromatose mit anschließender genetischer Beratung bei positivem Befund, unterziehen sollten, indem Sie pro und contra Argument benennen [B 5]. Formulieren Sie abschließend ihre persönliche Meinung.

Befruchtung und Keimentwicklung

So unterschiedlich tierisches Leben auf den ersten Blick auch beschaffen sein mag, die Entwicklung neuen Lebens nach sexueller Fortpflanzung verläuft sehr ähnlich. Nach der Befruchtung durchläuft die Eizelle verschiedene Stadien. Die genetischen Informationen von Eizelle und Spermium werden kombiniert und ein neues Lebewesen, mit den Genen beider Eltern entwickelt sich. Das gilt allerdings nur für das genetische Material im Zellkern, nicht für die mitochondriale DNA.

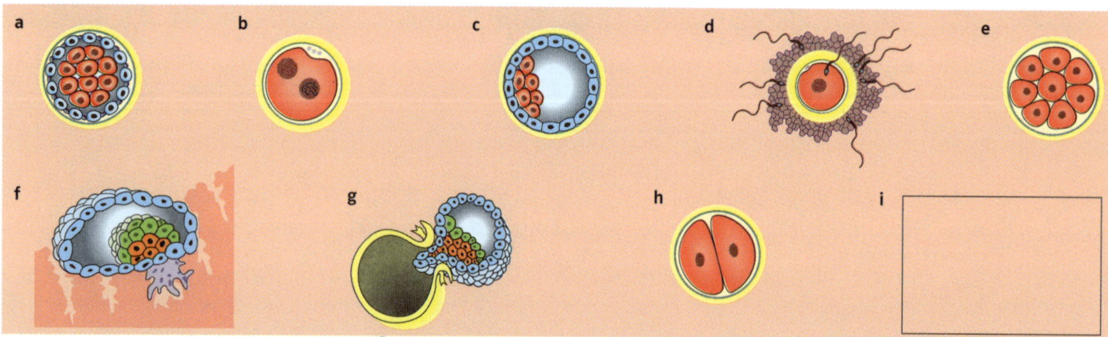

1 Der Kopf und Teil der Geißel eines Spermiums dringt in die Eizelle ein. Die Mitochondrien des Spermiums sterben ab.	**2** Das Eindringen des Spermiums regt in der Eizelle das Ende des Meiose-Zyklus an. Es entstehen zwei Vorkerne.	**3** In der Zygote erfolgt die erste Mitose. Die Chromosomen werden vom Spindelapparat zu den Zellpolen gezogen.
4 Zum ersten Mal befinden sich die mütterlichen und die väterlichen Chromosomen in einem Zellkern.	**5** Bisher stammten die Moleküle der Zygote aus dem Vorrat der Eizelle, ab diesem Stadium werden Gene der Zygote exprimiert.	**6** Ab jetzt befindet sich die Zygote im Morula-Stadium (benannt nach der optischen Ähnlichkeit zur Maulbeere). Die Zelldifferenzierung beginnt.
7 Auf einer Seite der Blastocyste bildet sich ein flüssigkeitsgefüllter Hohlraum, auf der anderen häuft sich Zellmasse an.	**8** Durch Volumenzunahme wird die Hülle gesprengt und Kontakt zur Gebärmutter aufgenommen.	**9** Die Zellen des Trophoblasten wachsen zwischen Zellen der Gebärmutterschleimhaut.

1 Meiosestadien

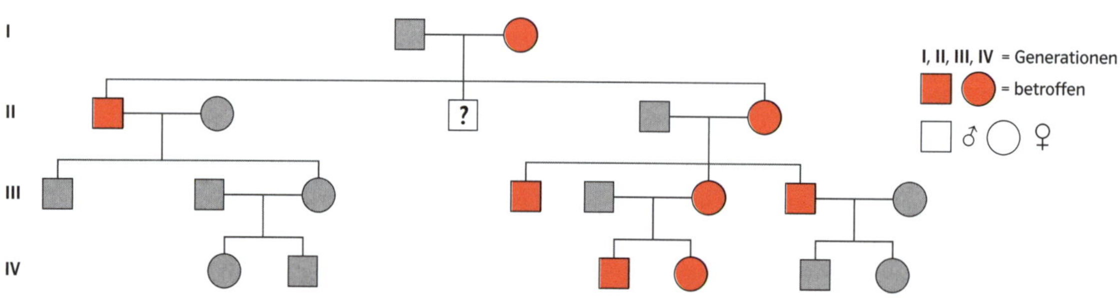

2 Stammbaum einer mitochondrial genetisch bedingten Krankheit

Aufgaben

25/100 ◒ **1** Ordnen Sie die [B 1 a–h] den Texten 1–9 zu, indem Sie die Buchstaben hinter der Ziffer notieren.

30/100 ◒ **2** Ergänzen Sie die [B 1] um den fehlenden Teil i, entsprechend dem Text.

30/100 ◒ **3** Erklären Sie, dass in [B 2] der Mann in der zweiten Generation nicht betroffene Kinder bekommt, seine Schwester hingegen ausschließlich betroffene.

15/100 ○ **4** Erläutern Sie, ob in [B 2] die Person, die mit einem Fragezeichen markiert ist, betroffen ist.

Bioreporter

Ein Beispiel für ein „Reportergen“ ist das sogenannte LacZ-Gen [B 1]. Das LacZ-Gen codiert für ein Enzym (β-Galactosidase), das normalerweise Lactose zu Galactose und Glucose hydrolysiert. Bietet man den Bakterien statt Lactose das Glycosid X-Gal an, so wird bei der Zerlegung dieses künstlichen Zuckers ein blauer Farbstoff freigesetzt.

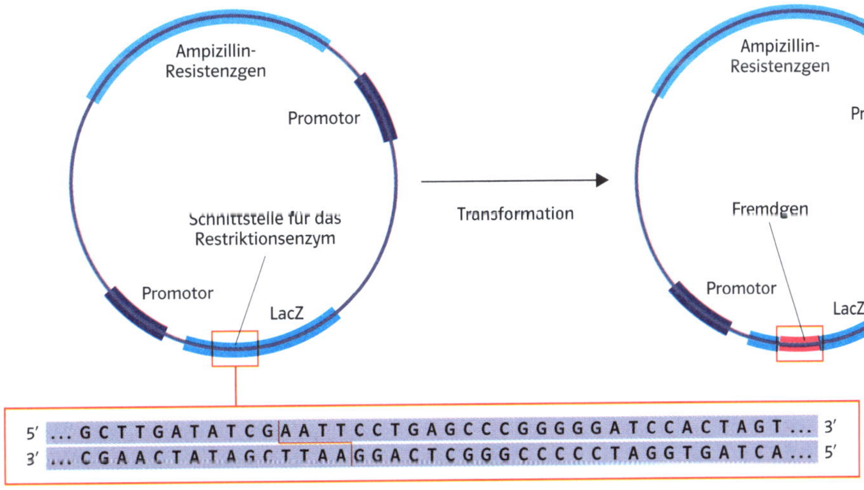

1 Plasmid mit und ohne Fremdgen und einem Auszug der Basensequenz

Fische leuchten, wenn die Wasserqualität schlecht wird

Eine andere Art von Reportergenen erzeugt fluoreszierendes Licht. Dazu gehört das GFP-Gen (Green Fluorescent Protein-Gen). Zebrafische besitzen ein „Stressgen“, das bei schlechten Umweltbedingungen (z. B. Wasserverschmutzung durch Umweltgifte) exprimiert wird. Das GFP-Gen wurde gemeinsam mit dem Promotor des Stressgens in das Genom von Fischembryonen eingeschleust. Zusammen mit diesem wurde es nun von dem gleichen Enhancer (Verstärker) kontrolliert. Bei guter Wasserqualität wird der Enhancer von einem Repressor inhibiert. Verschlechtern sich die Umweltbedingungen, ändert der Repressor seine Konformation und gibt die Enhancer-Region frei. Regt man nun das GFP mit ultraviolettem Licht an, fluoresziert es grün. Die Fische leuchten.

2 Transgene Zebrafische

Aufgaben

25/100 ◒ **1** Die Transformation von Bakterien gelingt nicht immer. Um Bakterien zu ermitteln, bei denen das Einschleusen des Fremdgens geglückt ist, wird eine Selektion durchgeführt. Skizzieren und beschriften Sie den Schritt der Selektion unter Verwendung von [B 1].

50/100 ● **2** Erstellen Sie ein Verlaufsschema, in dem die Funktion des GFP-Gens als Signalgeber für schlechte Wasserqualität verdeutlicht wird.

25/100 ◒ **3** Man kann die GFP-Sequenz auch ohne Promotor direkt vor die Gensequenz eines zu untersuchenden Proteins stellen. Erklären Sie in diesem Zusammenhang, wie das GFP-Gen unter Einsatz von Fluoreszenzmikroskopie Aufschluss über die zeitliche und räumliche Lokalisation bestimmter Proteine in Zellen geben kann.

Knockout-Tiere für die Forschung

Durch eine besondere Form der Nutzung von Stammzellen kann man Tiere züchten, die über eine bestimmte Fähigkeit nicht verfügen. Sie werden als Knockout-Tiere bezeichnet. Für die Entwicklung dieser Methode erhielten der Brite Sir MARTIN EVANS und die beiden US-Amerikaner MARIO CAPECCHI und OLIVER SMITHIES 2007 den Nobelpreis für Medizin. Mit diesem Verfahren wurden und werden Tiere mit genetisch bedingten Erkrankungen erzeugt, die auch beim Menschen auftreten. An ihnen kann die Wirksamkeit von Therapien getestet werden.

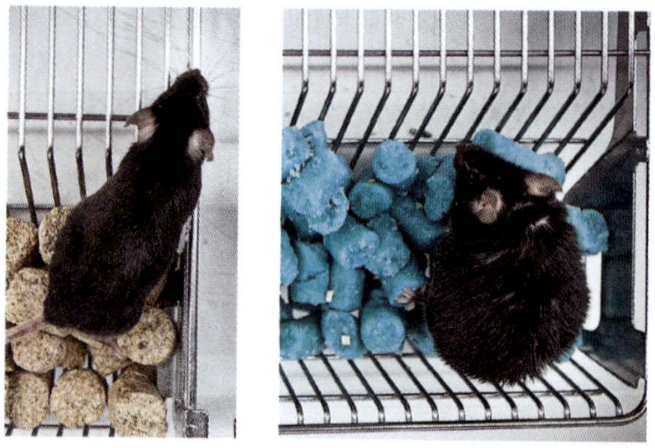

1 Knockout-Maus ohne Fettzellbildung (links)

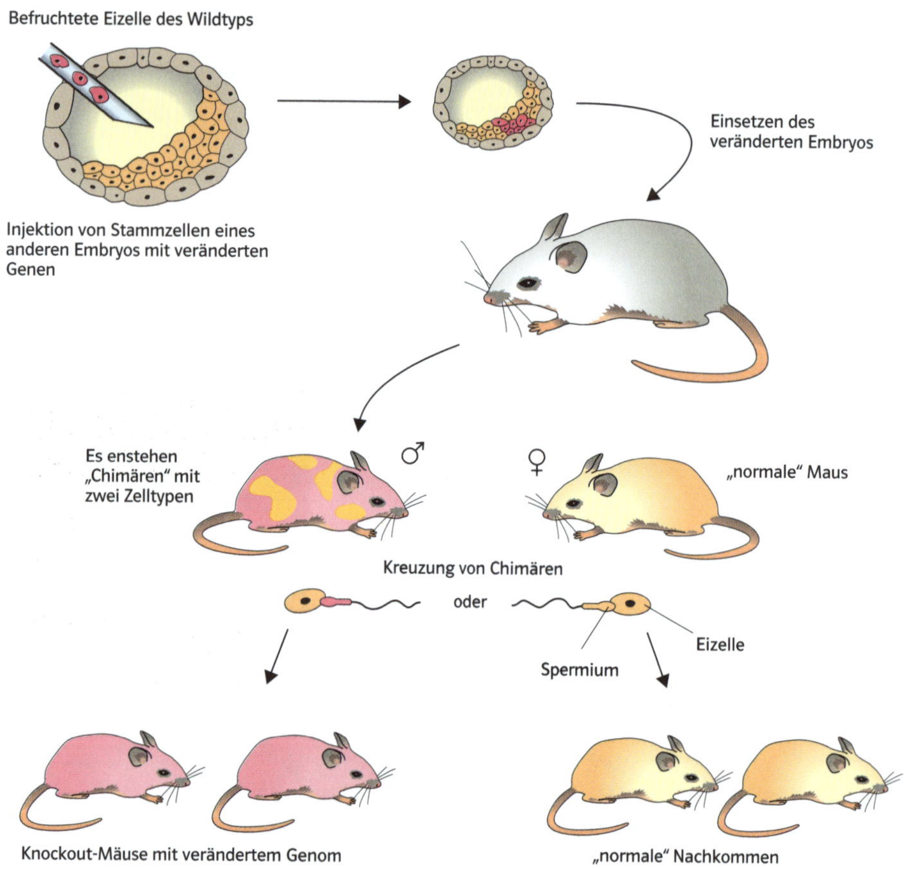

2 Erzeugung von Knockout-Mäusen

Aufgaben

25/100 ◒ **1** Beschreiben Sie das in [B 1] dargestellte Verfahren zur Erzeugung von Knockout-Mäusen.

25/100 ◒ **2** Erläutern Sie, ob die verwendeten Stammzellen pluri-, toti oder omnipotent sind.

50/100 ● **3** Erklären Sie, dass die Chimären einander nicht gleichen, obwohl sie aus genetisch identischen Embryonen und Stammzellen entstanden sind.

Tomaten, die nicht matschig werden

Tomaten gehörten zu den ersten gentechnisch veränderten Lebensmitteln, die in Supermärkten verkauft wurden. Reif geerntete Tomaten werden schnell „matschig" [B 1]. Erntet man Tomaten hingegen unreif, schmecken sie weniger aromatisch. Die Kunden bevorzugen jedoch aromatische, nicht matschige Tomaten.

Das Enzym Polygalakturonase bewirkt den Abbau der Zellwände bei der reifen Frucht und trägt damit zum Matschigwerden der Tomate bei. Mithilfe der Gentechnik sollte dieses Enzym gestoppt werden. Hierfür wurden die Tomatenpflanzen gentechnisch verändert und ein Antisense-Gen (engl. *sense* Sinn) in die Tomaten eingebracht. Inzwischen gibt es mehrere gentechnisch veränderte Sorten dieser Tomaten, z. B. die Flavr-Savr-Tomate.

1 Flavr-Savr (vorne) und natürliche Tomaten

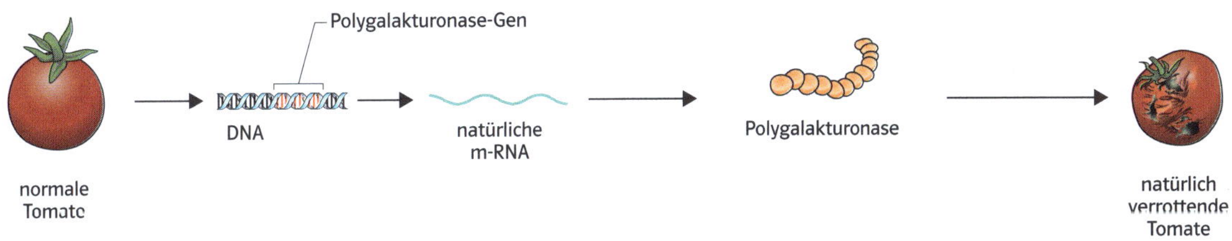

2 Natürlicher Vorgang ohne gentechnische Veränderungen

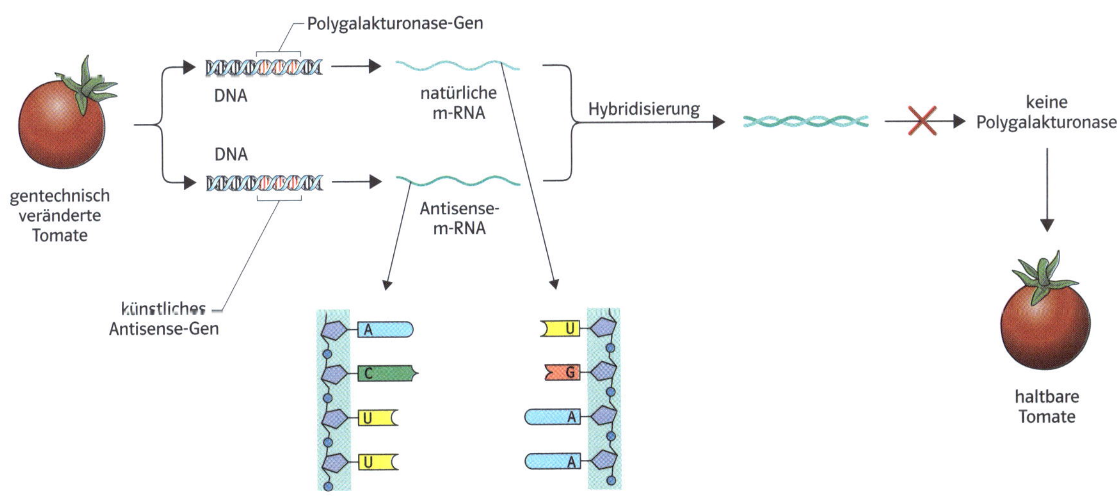

3 Vorgang in einer gentechnisch veränderten Tomate (Flavr-Savr)

Aufgaben

25/100 ◒ **1** Beschreiben Sie unter Verwendung von [B 2] den Prozess, der zum Verrotten der Tomate führt, und erläutern Sie die biologische Bedeutung.

45/100 ● **2** Vergleichen Sie den Vorgang in [B 3] mit dem in [B 2].

30/100 ● **3** Erklären Sie die Funktion von Antisense-Genen.

Zuchtziele bei Kühen

Die Milch und das Fleisch von Kühen werden von Menschen seit mehreren Jahrtausenden verzehrt. Hierfür werden Kühe gezüchtet, die die gewünschten Eigenschaften zeigen. Zu diesen Eigenschaften zählt einerseits die produzierte Milch- und Fleischmenge (Milch- und Fleischleistung). Andererseits sind Fett- und Proteingehalt der Milch, Fruchtbarkeit oder das Verhalten der Tiere gegenüber dem Menschen für die Zucht von Bedeutung. Generell kann man bei der Zucht entweder die Tiere miteinander verpaaren, die zur selben Rasse gehören und die gewünschten Eigenschaften aufweisen (Reinzucht). Oder man kann Tiere verschiedener Rassen miteinander verpaaren, deren Nachkommen erwünschte Eigenschaften beider Rassen zeigen (Kreuzungszucht).

1 Holstein-Rinder

Jahr	Milch in Kilogramm	Fettgehalt in Prozent	Eiweißgehalt in Prozent
1900	3545	3,09	–
1930	4417	3,24	–
1950	4284	3,59	–
1970	4941	4,03	–
1990	6849	4,18	3,30
2010	8699	4,12	3,39
2012	8649	4,12	3,38

2 Milchleistung bei Holstein-Kühen

	Holstein	Fleckvieh	Kreuzung
Milchmenge	100	90	99
Fettgehalt	100	93	105
Eiweißgehalt	100	97	108
Totgeburten bei erstgebärenden Kühen	100	147	110

3 Vergleich zweier Kuhrassen und deren Kreuzung

Aufgaben

15/100 ○ **1** Beschreiben Sie mit [B 2] die Veränderung der Milchleistung der Holstein-Kühe über die Zeit.

25/100 ◒ **2** Tragen Sie die prozentualen Werte aus [B 3] für die Rassen Holstein-Rind und Fleckvieh sowie deren Kreuzungen in ein Koordinatensystem ein. Die absoluten Zahlen für die Rasse Holstein-Rind werden als Bezugswert gleich 100 gesetzt.

20/100 ◒ **3** Erklären Sie den Heterosis-Effekt mithilfe Ihrer Grafik aus Aufgabe 2.

25/100 ◒ **4** Vergleichen Sie die Zuchterfolge der Holstein-Kühe mit denen der Kreuzungszüchtung.

15/100 ○ **5** Erklären Sie, dass zur Zucht der Mischlinge immer wieder die Ausgangsrassen verpaart werden müssen und nicht die Kreuzungen.

Balkonblumen für Allergiker

Auf dem Balkon sitzen ohne tränende Augen und ohne Niesanfälle, das wünscht sich so mancher Mensch mit Pollenallergie. Forschern ist es gelungen, eine transgene Pelargonie (umgangssprachlich Geranie) herzustellen, die keinen Pollen produziert und zugleich langlebiger ist. Wissenschaftler schleusten gleich zwei Gene samt geeigneter Promotoren in das Genom der Pflanzen ein. Das eine Gen sorgt dafür, dass die Staubbeutel, die den männlichen Pollen herstellen, nicht richtig ausgebildet werden. Dies macht die Pflanzen unfruchtbar. Das andere Gen wirkt Alterungsprozessen der Pflanze entgegen. Die Forscher setzten diese Gene mithilfe des Bakteriums *Agrobacterium tumefaciens* in das Erbgut der Balkonpflanzen ein [B 2].

1 Pelargonie

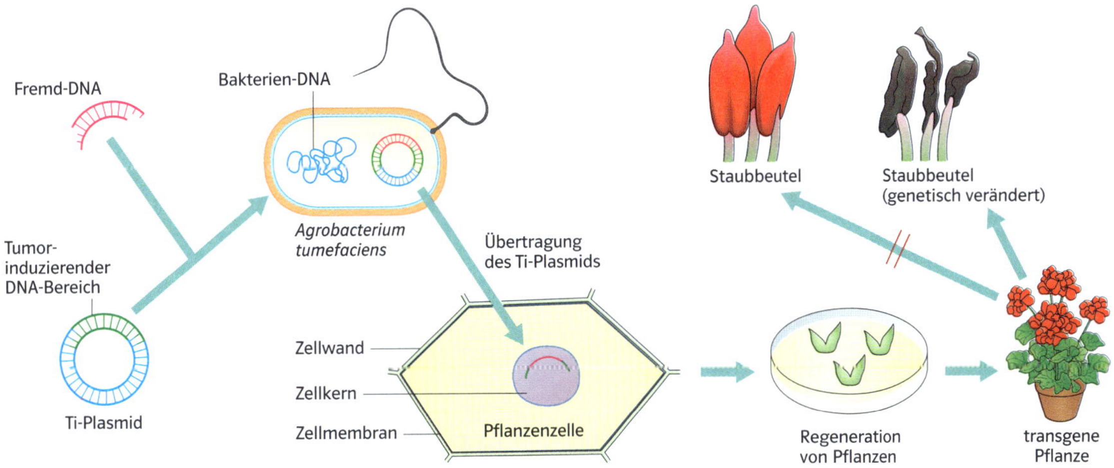

2 Gentransfer mittels Agrobacterium

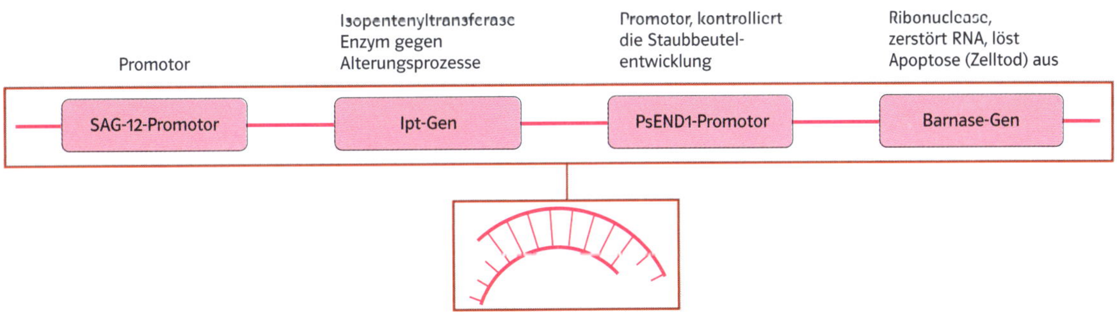

3 Eingefügte Fremdgene

Aufgaben

30/100 ● **1** Beschreiben Sie das Einbringen von Fremdgenen mittels des Agrobacteriums und die Auswirkung der eingesetzten Gene auf die Pelargonie [B 2].

50/100 ● **2** Erklären Sie die Funktion eines Promotors und erläutern Sie, warum die Forscher den Promotor PsEND1 mit dem Barnase-Gen gemeinsam eingebracht haben [B 3].

20/100 ◒ **3** Stellen Sie eine Vermutung an, weshalb der Einsatz vom Promotor PsEND1 und dem Barnase-Gen nicht nur für Allergiker, sondern auch allgemein bezüglich der Sicherheit beim Anbau gentechnischer Sorten interessant sein könnte.

Lungenemphysem – Gene Pharming schafft Abhilfe

Bei einer genetisch bedingten Lungenerkrankung, dem Lungenemphysem, sind Teile der Lunge „aufgebläht". Die Lungenbläschen (Alveolen), an denen der Austausch von Sauerstoff und Kohlenstoffdioxid stattfindet, sind teilweise überdehnt. Schädliche Mikropartikel in der Lunge, wie z. B. Sporen und Bakterien, werden durch das Enzym Elastase abgebaut. Bei einer erblichen Vorbelastung zerstört Elastase jedoch auch das körpereigene Elastin. Elastin sorgt im Lungengewebe für die Dehnungsfähigkeit. Ein Proteinase-Inhibitor kann Elastase blockieren, sodass die Aktivität des Enzyms reguliert wird. Besteht jedoch ein Mangel an diesem Inhibitor, werden die elastischen Fasern der Lunge geschädigt.

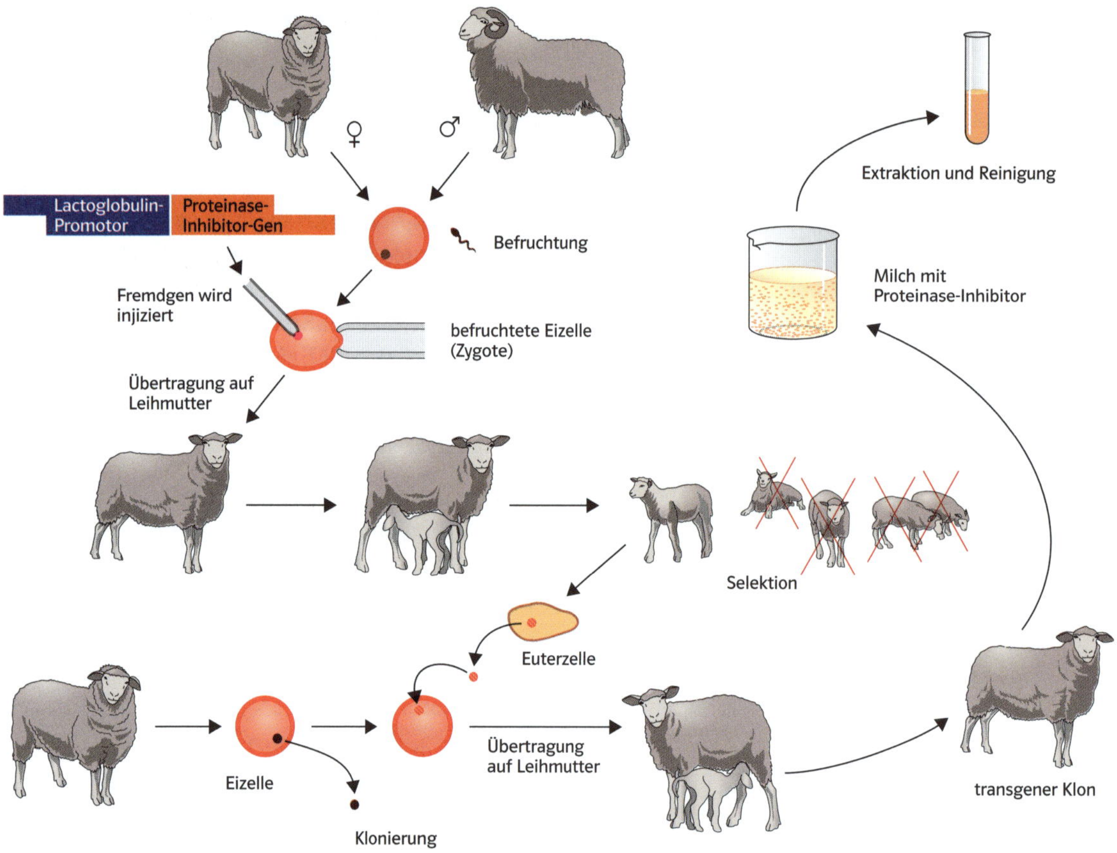

1 Gentechnische Herstellung des Proteinase-Inhibitors

Aufgaben

15/100 ○ **1** Beschreiben Sie die gentechnische Herstellung des Proteinase-Inhibitors [B 1].

45/100 ● **2** Lactoglobulin ist ein Milcheiweiß, das nur in Euterzellen produziert wird. Neben dem Inhibitor-Gen wird auch ein Lactoglobulin-Promotor in die Empfänger-DNA eingesetzt [B 1]. Erläutern Sie.

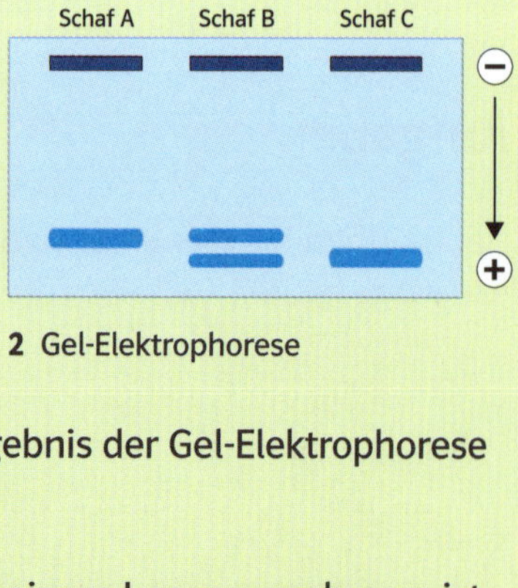

2 Gel-Elektrophorese

25/100 ◒ **3** Da der Einsatz der Gene nicht immer glückt, erfolgt die Selektion der zu klonenden Tiere über Gel-Elektrophorese. Werten Sie das Ergebnis der Gel-Elektrophorese aus [B 2].

15/100 ○ **4** Die orale Einnahme des Inhibitors in Tablettenform als Therapie bei einem Lungenemphysem ist wirkungslos. Begründen Sie.

Spezielle RNA als Therapiemöglichkeit gegen HIV

HI-Viren befallen Zellen des körpereigenen Immunsystems. Das HI-Virus besitzt auf seiner Hülle Andockstellen mit dem Namen gp120. Da der Rezeptor CD4 der Wirtszelle genau zu dem gp120-Protein passt, können die Viren an Zellen mit diesen Rezeptoren andocken und ihre Erbinformation in die Zellen einbringen [B 1]. Studien an Mäusen haben gezeigt, dass es möglich ist, HI-Viren mithilfe von si-RNA (short interfering RNA) zu bekämpfen. Bestimmte kurze doppelsträngige RNA-Fragmente forcieren in Zellen die Bildung eines Emzymkomplexes namens Risc als natürliches Abwehrsystem gegen Virenangriffe. Das Enzym Risc geht dafür mit einem der RNA-Stränge des gegebenen Doppelstrangs eine Bindung ein. Trifft dieser Risc-Komplex nun auf komplementäre RNA im Zellplasma, wird diese zerschnitten.

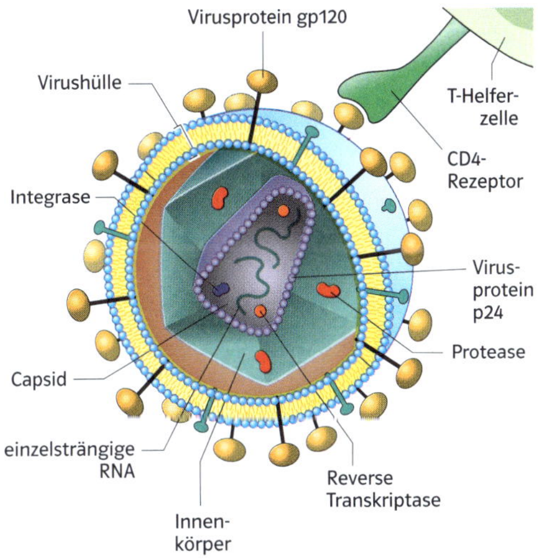

1 HI-Virus

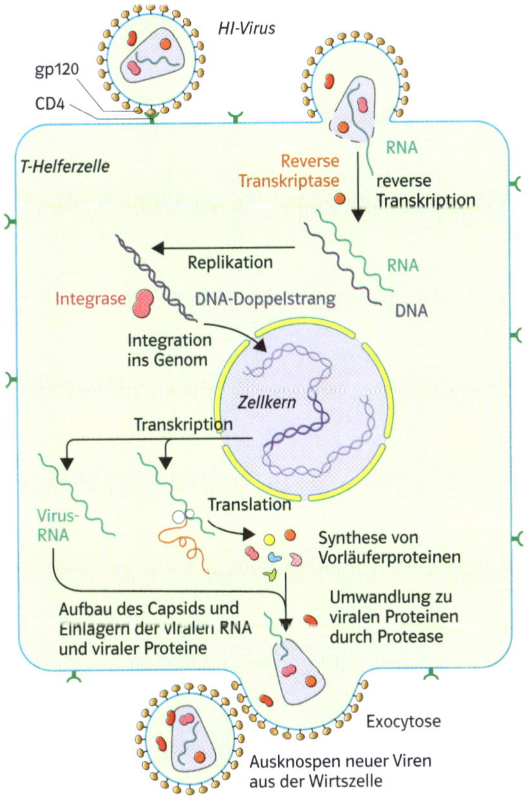

2 Vermehrungszyklus von HI-Viren

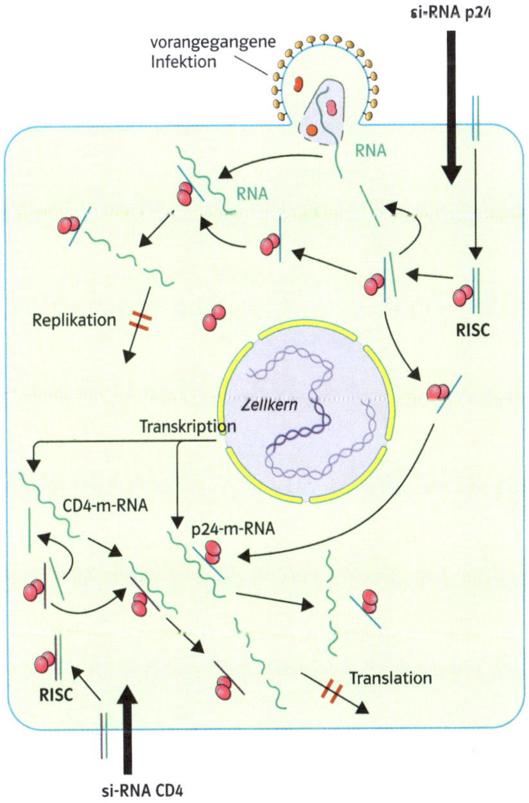

3 Einschleusen von si-RNA

Aufgaben

30/100 1 Erläutern Sie den Vermehrungszyklus des HI-Virus anhand von [B 2].

25/100 2 Leiten Sie aus [B 3] ab, wie doppelsträngige RNA bestimmte Gene stilllegen kann.

45/100 3 Diskutieren Sie den Einsatz von si-RNA als Therapiemöglichkeit gegen HIV. Erläutern Sie, inwiefern der Einsatz von si-RNA vor bzw. nach einer Infektion sinnvoll ist.

Das CRISPR/Cas-System

Auch Bakterien können infiziert werden, und zwar von bestimmten Viren (Bakteriophagen). Diese Phagen injizieren ihr Erbgut in das Bakterium. Wird das Genom dieser Viren bei Befall nicht schnell genug zerstört, vermehren sich die Phagen innerhalb des Bakteriums und die Zelle stirbt ab.

Viele Bakterien verfügen über Abwehrmaßnahmen gegen derartige Angriffe. Dazu gehört das CRISPR/Cas-System. CRISPR steht für „clustered regularly interspaced short palindromic repeats" [B 1]. Es handelt sich um eine Reihe sich wiederholender Abschnitte (Repeats) und DNA-Sequenzen, die aus früheren Virenangriffen stammen (Spacer). Das CRISPR/Cas-System funktioniert ebenso in den Zellen von Eukaryoten. Dies hat man sich zunutze gemacht, sodass es heute als wichtiges Werkzeug im Bereich der Genmanipulation eingesetzt wird.

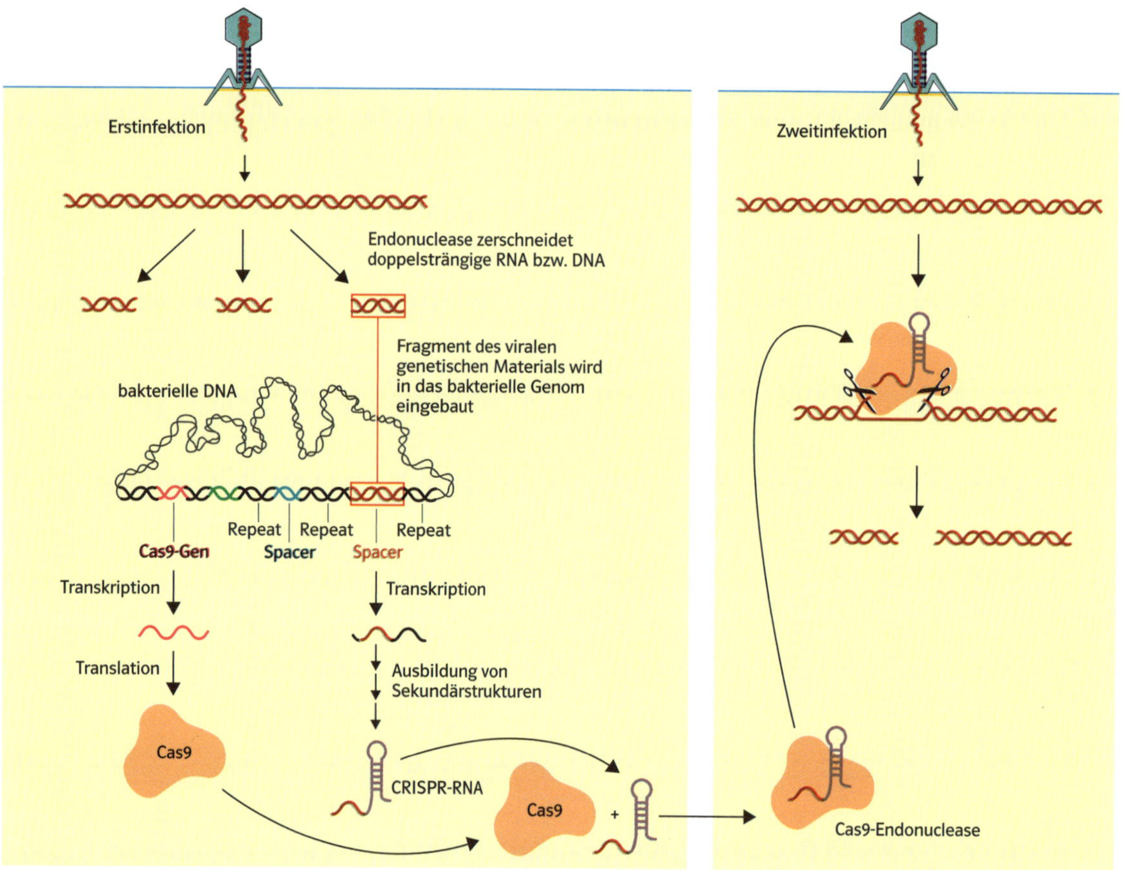

1 CRISPR/Cas-System zur Immunabwehr bei Bakterien (stark vereinfacht)

Aufgaben

50/100 ● **1** Beschreiben Sie den Immunabwehrmechanismus eines Bakteriums im Falle einer Erstinfektion [B 1].

25/100 ◒ **2** Nach Infektionen von Bakterien durch Viren entwickeln die Zellen eine Art Gedächtnis gegen den viralen Angriff. Erläutern Sie mit Bezug zu [B 1].

25/100 ◒ **3** In der Gentechnik wird das CRISPR/Cas-System u. a. als relativ zielgenaue Genschere eingesetzt. Stellen Sie Überlegungen an, inwiefern sich dieses System im Bereich der Gentechnik nutzen lässt.

Neuer Weg zur Heilung genetisch bedingter Erkrankungen

Forschern ist es gelungen, einen Gendefekt in einer Zygote des Menschen zu entfernen [B 1c]. Zuvor liefen zahlreiche Studien, die nicht den gewünschten Erfolg zeigten. Es entstanden Zellen mit zahlreichen Mutationen bzw. Mosaik-Embryonen [B 1b]. Als Genschere nutzten die Forscher das CRISPR/Cas-System. Ursprünglich stammt dieses System von Bakterien. Es besteht aus einer guide-RNA (g-RNA, Lotsen-RNA) und einer Endonuclease (Cas9). Mithilfe der g-RNA findet das Enzym die genaue Schnittstelle in der DNA. Im Folgenden konstruierte man ein CRISPR/Cas-Modul so, dass es an der Stelle einer Mutation schnitt. Im Gegensatz zu den herkömmlichen Restriktionsenzymen schneidet es durch die g-RNA relativ zielgenau. Die Wissenschaftler haben erwartet, dass nach dem Schneiden das zelleigene Reparatursystem die mitgelieferte Donor-DNA (eine intakte Sequenz des Gens) als Kopiervorlage verwendet. Es stellte sich jedoch heraus, dass das Reparatursystem die zelleigene DNA als Matrize bevorzugt hat [B 2b und c]. Kritiker befürchten, dass mit dieser Methode auch „designte" Babys mit Wunschmerkmalen entstehen könnten.

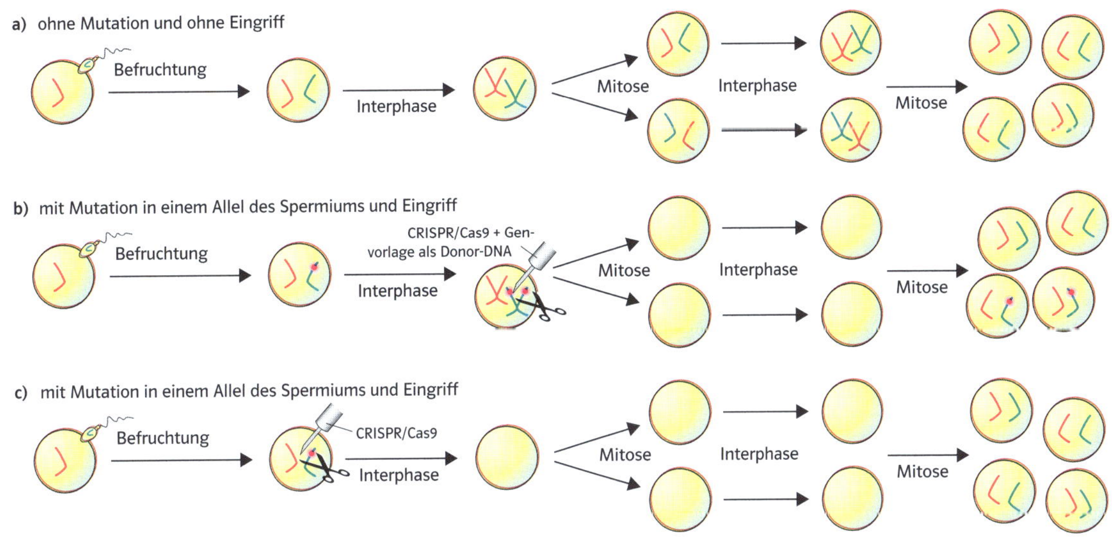

1 In-vitro-Fertilisation mit anschließenden Zellteilungen

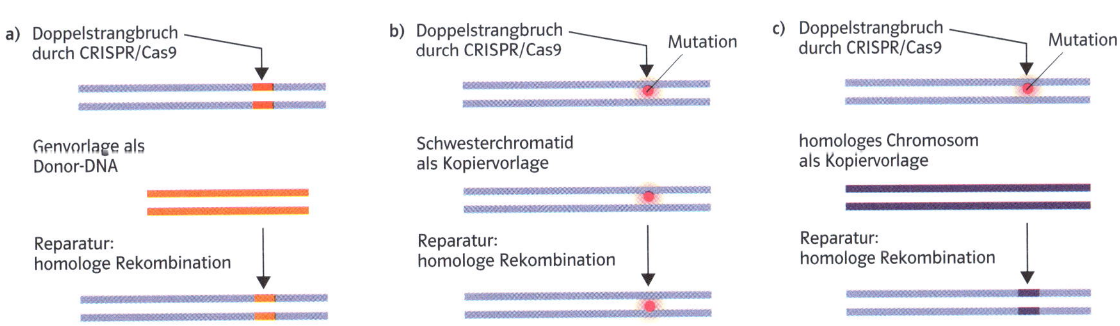

2 DNA-Reparaturmechanismen innerhalb einer menschlichen Zygote

Aufgaben

25/100 ◒ **1** Vervollständigen Sie die [B 1b und c].

50/100 ● **2** Erläutern Sie unter Zuhilfenahme von [B 2], warum der Versuch aus [B 1b] misslang und wie die Wissenschaftler das Problem gelöst haben [B 1c].

25/100 ◒ **3** Diskutieren Sie Vorteile und mögliche Gefahren bei Manipulationen der Keimbahn.

Gene Drive, eine genetische Kettenreaktion

Gene Drive ist eine Methode, mit der die Allelfrequenz einer gesamten Population innerhalb weniger Generationen verändert werden kann. Man versucht, sie bei der Bekämpfung von Malaria zu nutzen. Die Idee ist, in Stechmücken, die Malaria-Erreger (Plasmodien) übertragen, ein spezielles Gen einzuschleusen, das sich exponentiell in der Population ausbreitet. Dieses Gen codiert Antikörper gegen Plasmodien, sodass der Erreger innerhalb der Speicheldrüsen der Mücke abgetötet wird. Als Grundlage für die exponentielle Ausbreitung dient das CRISPR/Cas-System. Dazu gehört ein Enzym (Cas9), das mithilfe eines RNA-Moleküls (guide-RNA) zu seiner Schnittstelle geführt wird und dort einen Doppelstrangbruch verursacht [B 2]. Ist es gelungen, einem Stechmückengenom das „Anti-Plasmodium"-Gen zusammen mit CRISPR-Genen einzufügen, läuft der restliche Prozess eigenständig ab. Durch die Kopplung mit dem eukaryotischen Reparatursystem wird das „Anti-Plasmodium"-Gen samt der CRISPR-Gene weiter übertragen. Allerdings passieren bei der zelleigenen Reparatur auch Fehler, wie z.B. Insertionen oder Deletionen. Daneben treten auch Off-target-Schnitte auf, wenn Cas9 an einer falschen Stelle schneidet.

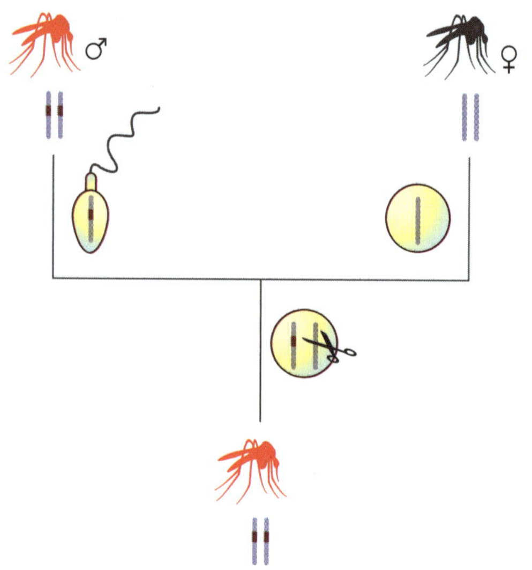

1 Gene Drive

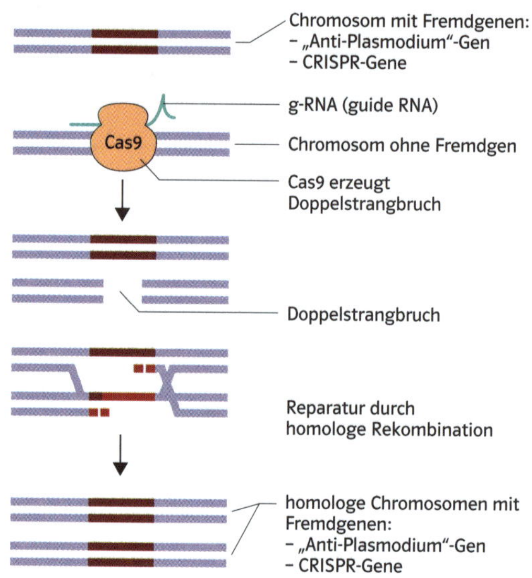

2 Reparaturvorgang in der Zygote

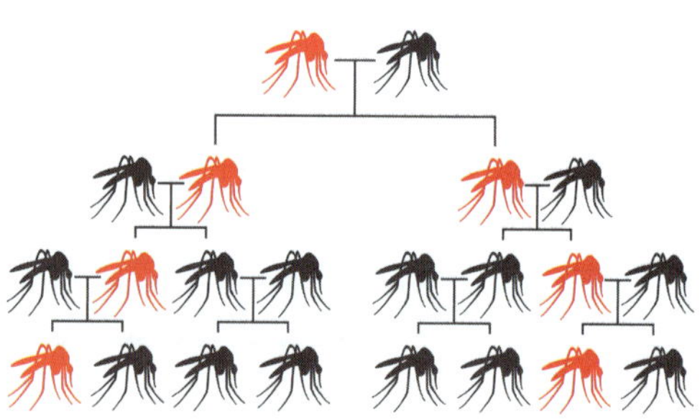

3 Klassische Vererbung

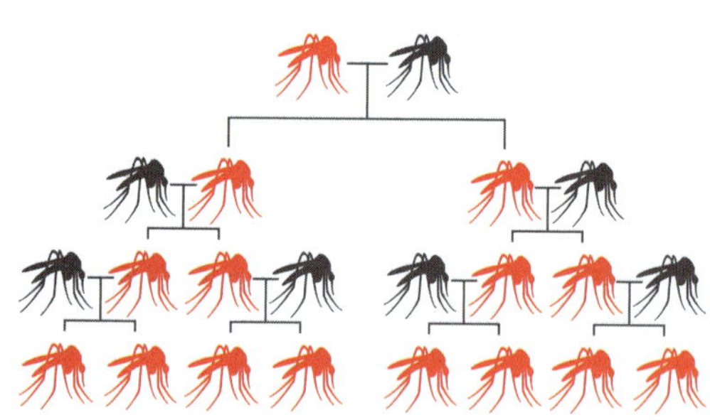

4 Exponentielle Weitergabe von Genen

Aufgaben

25/100 ◒ **1** Erläutern Sie die molekularbiologische Vorgehensweise, ein „Anti-Plasmodium"-Gen durch eine Kettenreaktion in einer Stechmückenpopulation zu etablieren [B 1 und 2].

25/100 ◒ **2** Beschreiben Sie, warum die Gene-Drive-Methode als besonders geeignet gilt, gegen Malaria eingesetzt zu werden [B 3 und 4].

50/100 ● **3** Erläutern Sie mögliche Gefahren bei dieser Form der Malariabekämpfung [B 1–4].

KaWa zur Gentechnik

Ein sogenanntes „KaWa" ist eine **k**reativ-**a**naloge **W**ort-**A**ssoziation. Diese Methode wurde von der deutschen Autorin Vera F. Birkenbihl (1946–2011) entwickelt. Ziel ist es für jeden Buchstaben Begriffe zu sammeln, die einem zum vorgegebenen Thema in den Sinn kommen. Die Schwierigkeit dabei ist, dass die Begriffe jeweils mit einem der Buchstaben des gewählten Oberbegriffs, in diesem Fall Gentechnik, beginnen müssen. Die gesammelten Begriffe können wiederum miteinander verbunden, wie in einer Mind- oder Concept-Map und durch Zeichnungen oder Farben ergänzt werden. Auf die Weise werden Zusammenhänge bildlich dargestellt und Wissen vernetzt, sodass ein Überblick entsteht, der einem beim Lernen helfen kann.

Gentechnik

Aufgaben

45/100 ● **1** Erstellen Sie ein KaWa zum Thema Gentechnik, indem Sie zu jedem Buchstaben weitere zum Thema passende Begriffe ergänzen.

55/100 ● **2** Wählen Sie sich zwei Begriffe pro Buchstaben aus und definieren Sie diese.

Blind durch ein Leben in der Dunkelheit?

Der Maulwurf *(Talpa europaea)* ist eine Art aus der Familie der Maulwürfe, die zur Ordnung der Insektenfresser gehört. Er ist durch seinen walzenförmigen Körper und zu Grabschaufeln umgestalteten Vorderextremitäten gut an das unterirdische Leben angepasst. Seine Nahrung sucht er sowohl im Erdreich als auch z.T. oberirdisch [B 1]. Die Ostblindmaus *(Spalax microphthalmus)* ist eine Art aus der Familie der Blindmäuse, die zur Ordnung der Nagetiere gehört. Alle Vertreter der Blindmäuse leben nur unterirdisch und sind durch ihren walzenförmigen Körper und durch mit Haut abgedeckte funktionslose Augen gekennzeichnet. Mit ihren kleinen Extremitäten und großen, zum Graben geeigneten Schneidezähnen sind sie an das Leben im Erdreich ebenfalls gut angepasst [B 2].

Jean-Baptiste de Lamarck (1744–1829) beschrieb 1809 in seinem Werk Philosophie zoologique den Einfluss der Umgebung auf das Verhalten von im Erdreich lebenden Tieren und die daraus entstandenen Eigenschaften, die er für vererbbar hielt.

1 Maulwurf *(Talpa europaea)*

2 Ostblindmaus *(Spalax microphthalmus)*

[...] Die Augen im Kopf sind charakteristisch für eine große Anzahl verschiedener Tiere und bilden im Wesentlichen einen Teil des Organisationsplans der Wirbeltiere.
Doch der Maulwurf, dessen Gewohnheiten eine sehr geringe Sehkraft erfordern, hat nur winzige und kaum sichtbare Augen, weil er dieses Organ so wenig benutzt.
Die Ostblindmaus, die wie der Maulwurf unter der Erde lebt und offenbar noch weniger als der Maulwurf dem Tageslicht ausgesetzt ist, hat insgesamt die Nutzung des Sehvermögens verloren, sodass sie nichts anderes als Überreste dieses Organs zeigt. Selbst diese Überreste sind vollständig unter der Haut und anderen Teilen verborgen, die sie bedecken und nicht den geringsten Zugang zum Licht ermöglichen. [...]
Das Licht dringt nicht überall ein; folglich haben Tiere, die gewöhnlich an Orten leben, an denen es nicht eindringt, keine Möglichkeit, ihr Sehvermögen auszuüben, wenn die Natur sie mit einem ausgestattet hat. Nun müssen Tiere, die zu einem Organisationsplan gehören, zu dem die Augen ein notwendiger Bestandteil waren, sie ursprünglich gehabt haben. Da es jedoch unter ihnen einige gibt, die den Gebrauch dieses Organs verloren haben und die nichts weiter als verborgene und verdeckte Überreste von ihnen aufweisen, wird deutlich, dass das Schwinden und sogar das Verschwinden des betreffenden Organs das Ergebnis eines dauerhaften Nichtgebrauchs dieses Organs sind. [...]

3 aus Lamarck, J-B.: Philosophie zoologique (Übersetzung)

Aufgaben

25/100 ◒ **1** Erläutern Sie die Entstehung der funktionslosen Augen bei im Erdreich lebenden Tieren im Sinne von Lamarck anhand seiner aufgestellten Gesetze [B 3].

25/100 ◒ **2** Nennen Sie die biologischen Kenntnisse zum Ablauf der Evolution, die Lamarck zu seiner Zeit nicht hatte.

50/100 ● **3** Entwickeln Sie unter Berücksichtigung der Synthetischen Evolutionstheorie eine mögliche Entstehungsgeschichte für die Blindmaus [B 2 und 3].

Darwin und die Vielfalt der Taubenrassen

1 Felsentaube (Wildtyp)

2 Eulentaube (Zuchtform)

3 Pfauentaube (Zuchtform)

CHARLES DARWIN (1809–1882) beobachtete bei domestizierten Tauben, dass Züchter durch die gezielte Auswahl von Tieren für die Nachzucht sehr viele verschiedene Erscheinungsformen als Rassen etabliert hatten. Außerdem schrieb er 1875 in seinem Werk „The variation of animals and plants under domestication", dass in jeder Taubenrasse die Vögel variabler seien als bei der Wildform und dass sich manchmal Nachkommen in einem Gelege erheblich unterschieden. Dies betrifft auch heute verschiedene Merkmale, z. B. die Farbe und Form des Federkleids, Skelettmerkmale wie die Form des Schädels etc. [B 2 und 3]. Aus Vergleichsmessungen leitete DARWIN ab, dass alle Zuchttaubenrassen auf eine Stammform, die wilde Felsentaube (*Columba livia*, Bild 1), zurückgehen. Heute sind Hunderte Rassen von Haustauben bekannt.

Seit einiger Zeit wird das Erbgut verschiedener domestizierter Taubenrassen genetisch untersucht, um die molekularen Grundlagen der vorhandenen intraspezifischen Formenvielfalt zu ermitteln. So können die Gene bestimmt werden, die Variationen einzelner Merkmale bei Vögeln bewirken.

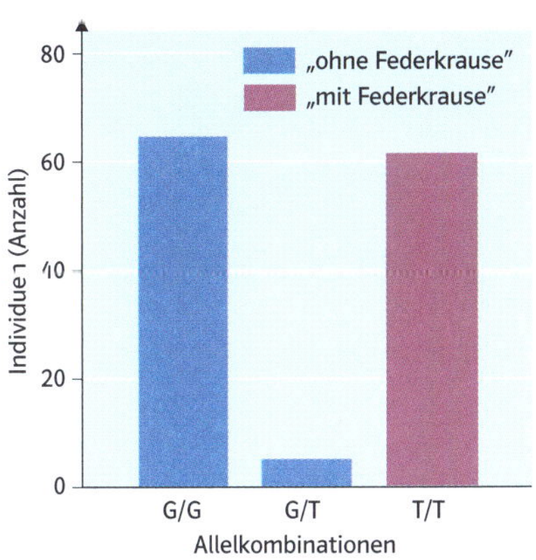

4 Beziehung zwischen Genotyp und Phänotyp

2013 wurden in einer Untersuchung die Genotypen von Tauben aus 79 verschiedenen Rassen mit und ohne Halsfederkrause [B 2 und 3] analysiert. Die untersuchten Tiere zeigen im Gen EphB2 für den Ephrinrezeptor unterschiedliche Nucleotidsequenzen. So kommt in diesem Gen an Position 596 613 normalerweise die Base Guanin (G) vor. Tritt stattdessen hier ein Thymin (T) auf, führt dies zu einer geringeren Proteinaktivität. Es entsteht eine Federkrause. Außerdem wurde geprüft, ob bei einem bestimmten Phänotyp die Allele mit der Base G bzw. T homozygot oder heterozygot vorhanden sind. Aus den Ergebnissen kann auf den Vererbungsmodus geschlossen werden [B 4].

Aufgaben

25/100 ◒ **1** Fassen Sie die Erkenntnisse aus den im Text beschriebenen Beobachtungen bei der Taubenzucht zusammen, die DARWIN möglicherweise bei Entwicklung seiner Evolutionstheorie nutzen konnte.

50/100 ● **2** Erläutern Sie die genetischen Ursachen für die Entstehung einer Halsfederkrause bei Taubenrassen unter Einbeziehung von [B 4].

25/100 ◒ **3** Stellen Sie eine Hypothese zu den Ursachen für DARWINS Beobachtungen auf, dass in jeder Taubenrasse die Vögel variabler als in der Wildform sind und sie sich manchmal bei Nachkommen in einem Gelege spontan erheblich unterscheiden.

Variabilität bei Schwarzmündigen Bänderschnecken

Bänderschnecken (auch Schnirkelschnecken genannt) sind häufig an Wegrändern oder im Garten zu finden. Eine in Deutschland weit verbreitete Art ist die Schwarzmündige Bänderschnecke *(Cepaea nemoralis)*. Die Bezeichnung „Schwarzmündig" bezieht sich auf den dunklen Streifen an der Gehäuseöffnung, der sogenannten Lippe [B 1]. Man findet Gehäuse mit den Grundfarben gelb, rosa und braun. Zusätzlich verlaufen bei vielen, aber nicht allen Individuen bis zu fünf Streifen spiralig auf dem Schneckengehäuse. Der Weichkörper der Schnecke kann gelblich, grau oder fast schwarz sein. Experimente zeigten, dass die Färbung der Individuen von der Farbgebung der Eltern abhängt, nicht jedoch von den Umweltbedingungen.

1 Schwarzmündige Bänderschnecken

Die Schnecken haben viele Fressfeinde. Besonders die Jungtiere werden oft von Fröschen, Molchen oder Kröten erbeutet. Auch Igel und Spitzmäuse jagen die Schnecken, ebenso wie viele Vogelarten (z. B. Singdrossel, Elster, Amsel, Star, verschiedene Möwen-Arten, Enten und Fasane).

2 Drosselschmieden

Die Singvögel können die Schneckengehäuse nicht direkt aufbrechen. Singvögel sind zumeist Sichtjäger, sie orientieren sich optisch. Entdecken sie eine Schnecke, bringen sie sie zu einem geeigneten Stein und schlagen das Gehäuse dagegen. Zu diesem Stein kehren die Vögel immer wieder zurück. Dieses Verhalten wurde oft bei Drosseln beobachtet. Daher nennt man solche Orte Drosselschmieden [B 2]. Sie sind an den zertrümmerten Schneckengehäusen zu erkennen. Die kalkhaltigen Schneckenschalen werden von einigen Vögeln teilweise mitgefressen. Sie decken damit einen Teil ihres Kalkbedarfs. Dies gilt besonders für Weibchen in der Fortpflanzungsperiode.

Aufgaben

10/100 ○ **1** Beschreiben Sie, mit welcher Häufigkeit die Farbvarianten bei den Drosselschmieden in [B 2] zu finden waren.

25/100 ◒ **2** Beurteilen Sie, ob bei den Bänderschnecken modifikatorische oder genetische Variabilität vorliegt.

40/100 ● **3** Vergleichen Sie das Vorkommen der Varianten bezüglich der Farbe und Bänderung in unterschiedlichen Habitaten [B 3].

25/100 ◒ **4** Stellen Sie eine Hypothese zur Erklärung der großen Variabilität bei den Gehäusen der Bänderschnecken auf.

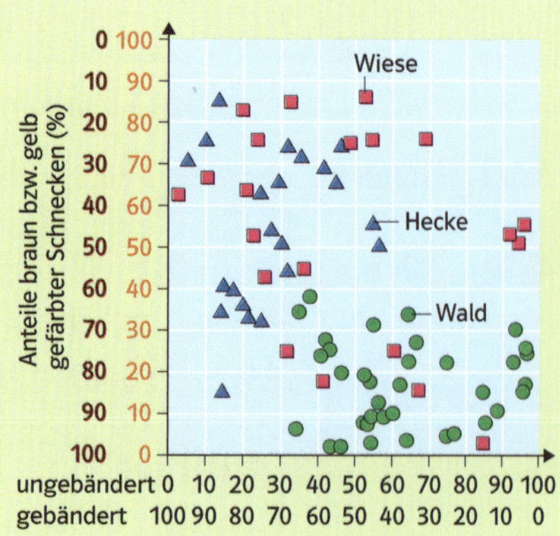

3 Gehäusefärbung und Bänderung in Habitaten

Einfluss der Trophäenjäger beim Dickhornschaf

Das Rocky-Mountains-Dickhornschaf *(Ovis canadensis)* ist in Kanada in den Rocky Mountains beheimatet [B 1]. Besonders auf dem „Ram Mountain" werden in einem begrenzten Gebiet die Böcke wegen ihrer gedrehten Hörner von Trophäenjägern bevorzugt gejagt. Die Lebenserwartung dieser Böcke beträgt teilweise nur wenig mehr als zwei Jahre. In diesem Alter haben die Hörner von kräftigen Männchen die maximale Drehung von 360° erreicht. Solche Tiere werden dann zum Abschuss freigegeben. Böcke mit kürzeren Hörnern haben größere Überlebenschancen. Die Weibchen tragen auch Hörner, die jedoch nicht gedreht, sondern kleiner und säbelartig nach hinten gerichtet sind. Diese Hörner sind als Trophäe nicht attraktiv.

1 Ausgewachsener Bock des Dickhornschafs

Körpermasse und Hornlänge sind bei den Dickhornschafen genetisch beeinflusste Merkmale. Wie bei vielen anderen Merkmalen, die eine Variabilität aufweisen, tragen jeweils mehrere Gene zur Merkmalsausprägung bei. Kräftige, d.h. schwere Böcke mit langen Hörnern stehen in der Rangordnung der Männchen weit oben. In der Paarungszeit finden zwischen den Rivalen Kämpfe statt, bei denen sie mit ihren Gehörnen zusammenstoßen. Hier ist die Horngröße ein wichtiger Faktor für den Erfolg. Später werden siegreiche Böcke mit langen Hörnern von den Weibchen gegenüber den leichteren Böcken mit kürzeren Hörnern bevorzugt. Somit haben die Träger langer Hörner theoretisch einen größeren Fortpflanzungserfolg, auch ältere Tiere von 8–10 Jahren. Jedoch werden sie meist nach 4–7 Jahren von Trophäenjägern erlegt.

In einer Langzeitstudie wurde der Effekt der Trophäenjagd in einer Population von Dickhornschafen mit etwa konstanter Individuenanzahl auf dem „Ram Mountain" untersucht. Dafür wurden bei vierjährigen Böcken u.a. die Merkmale Hornlänge und Körpermasse bestimmt [B 2].

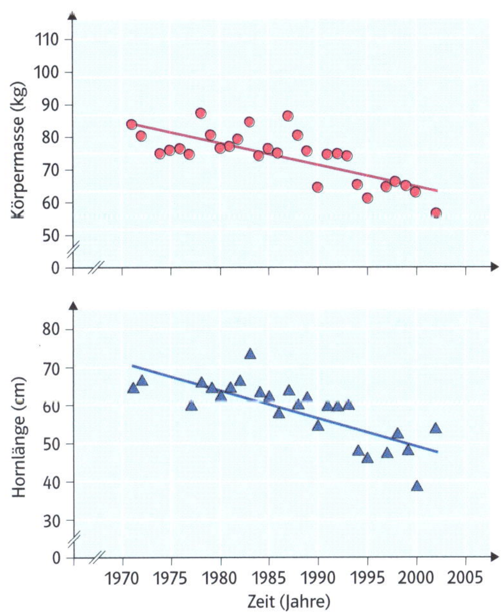

2 Körpermaße bei 4-jährigen Böcken (Mittelwerte)

Aufgaben

25/100 ◒ **1** Beschreiben Sie die in [B 2] dargestellten Ergebnisse der Langzeitstudie.

50/100 ● **2** Erläutern Sie die Ergebnisse [B 2] unter Berücksichtigung des hier vorliegenden Selektionstyps, ggf. mit Anfertigung einer passenden Skizze.

25/100 ◒ **2** Planen Sie eine Maßnahme, die dazu führt, dass die ursprüngliche Hornlänge in den Folgegenerationen der Dickhornschafe wieder häufiger auftritt.

Augenmimikry

Große Augenflecken auf der Ober- oder Unterseite von Schmetterlingsflügeln haben eine abschreckende Wirkung auf Beutegreifer (Prädatoren), z. B. Vögel. Es wurden zwei Hypothesen zur Erklärung dieser Wirkung aufgestellt: Die Augenmimikry-Hypothese besagt, dass Wirbeltieraugen nachgeahmt werden, sodass der Prädator aus Angst das Weite sucht. Die Auffälligkeits-Hypothese beschreibt, dass der Augenfleck durch Kontrast und Auffälligkeit beim Prädator Angst vor Neuem oder sensorische Übererregung hervorruft, die zur Abkehr von der Beute führt.

1 Zwei Bananenfalter (Flügelunter- bzw. -oberseite)

Zum Testen der Hypothesen wurden in einer Versuchsreihe wild gefangene Kohlmeisen als Prädatoren eingesetzt [B 2]. Während sie ihre Beute, einen Mehlwurm, aufpickten, wurde ihnen auf einem Monitor eines von diversen modifizierten Bildern präsentiert, z. B. ein für sie unbekannter tropischer Schmetterling. Dies war ein Bananenfalter mit Augenflecken auf der Flügelunterseite, die den Augen einer Eule ähneln [B 1]. Die Reaktionen der Kohlmeisen auf die Attrappen wurden protokolliert [B 3].

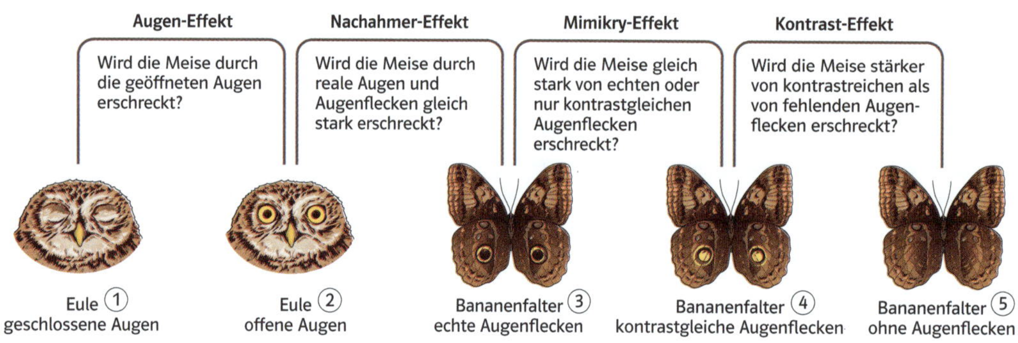

2 Fragestellungen und Versuchsdesign zur Ermittlung der Augenfleckwirkung

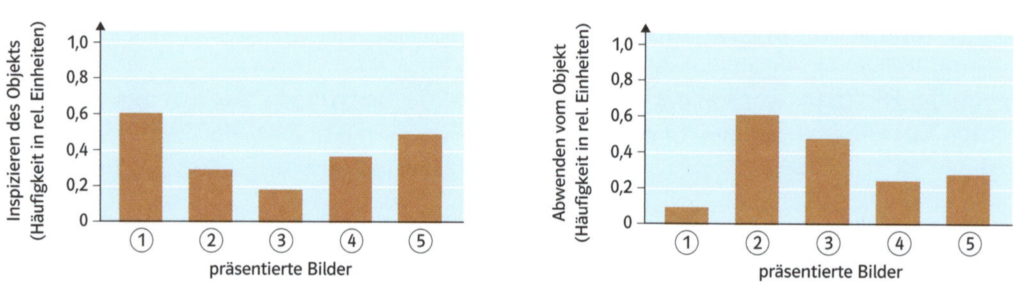

3 Untersuchungsergebnisse zur Augenfleckwirkung

Aufgaben

10/100 ○ **1** Nennen Sie eine Definition für Mimikry.

45/100 ● **2** Werten Sie die Versuchsreihe mithilfe von [B 2 und 3] aus.

45/100 ● **3** Erläutern Sie in Form eines Verlaufsschemas die evolutive Entstehung der Augenflecken auf den Flügeln von Bananenfaltern und ihr aktuell konstantes Auftreten.

Flügellänge bei Klippenschwalben

Amerikanische Klippenschwalben *(Petrochelidon pyrrhonota)* sind Zugvögel, die in Nordamerika brüten. Mit ihren schmalen Flügeln sind sie geschickte Flieger. Je länger die Flügel sind, desto besser können sie am Wind segeln, aber desto schwerer können sie vor plötzlichen Hindernissen aufsteigen. In ihrem natürlichen Lebensraum bauen mehrere Tausend Tiere ihre Nester aus Schlamm nah beieinander an Felswänden unter Überhängen. Seit den 1980er-Jahren findet man Kolonien auch unter Straßenbrücken. Hier sind die Nester vor Regen und Raubtieren geschutzt, aber manche Schwalben sterben durch Kollision mit vorbeifahrenden Autos. Zwischen 1982 und 2013 untersuchten amerikanische Wissenschaftler die Klippenschwalben. Dazu sammelten sie immer auf demselben Straßenabschnitt Schwalben, die durch Autos getötet wurden. Dort hat das Verkehrsaufkommen in den Jahrzehnten nur leicht zugenommen. Sie fingen parallel Schwalben in Fangnetzen als zufällige Vertreter der Gesamtpopulation.

1 Amerikanische Klippenschwalbe

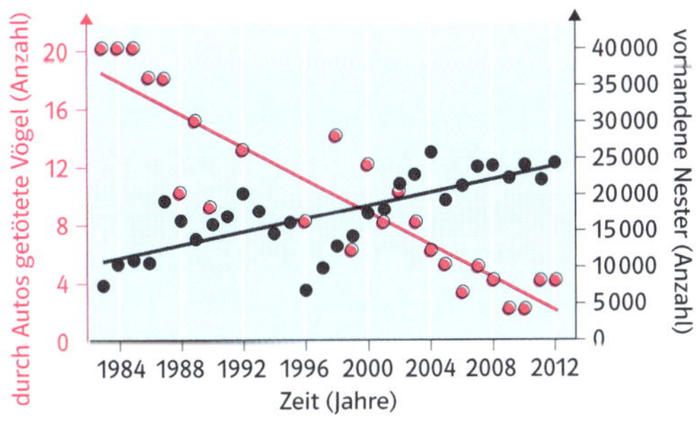

2 Auszählungen am Straßenabschnitt

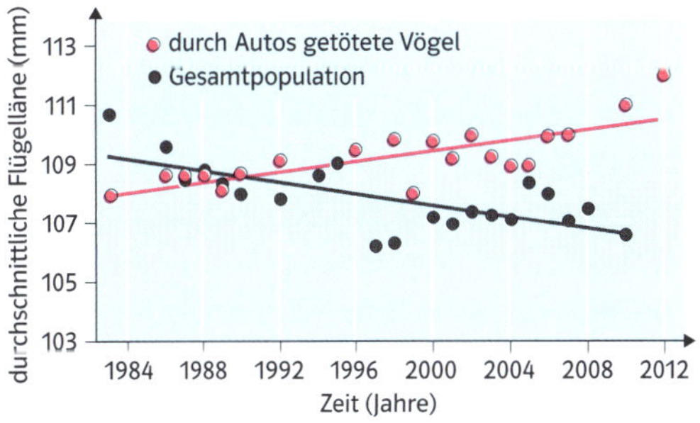

3 Gegenüberstellung der Flügellängen

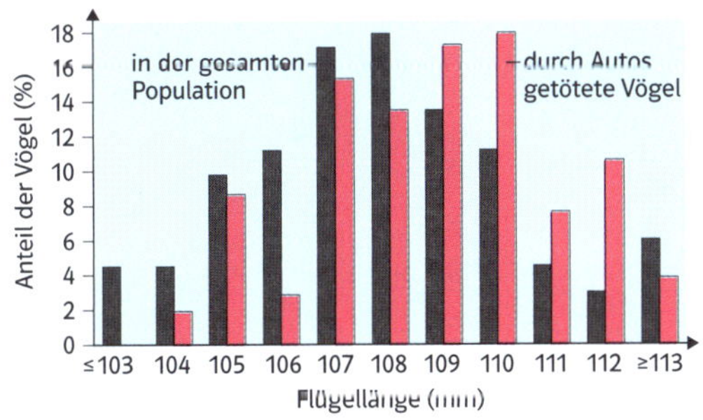

4 Vergleich der Flügellänge (langjähriges Mittel)

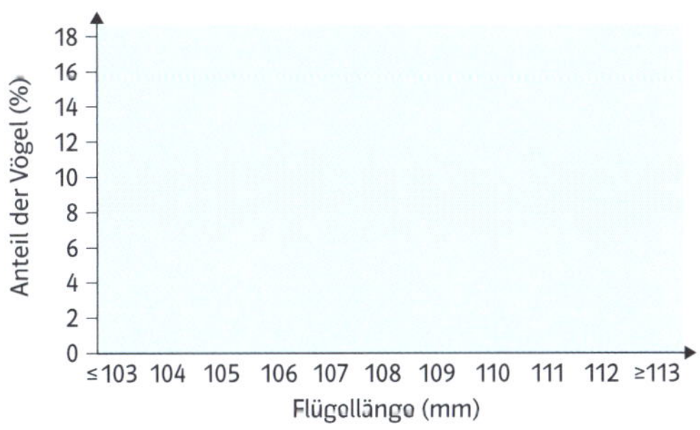

5 Erwartete Verteilung der Flügellängen

Aufgaben

20/100 ◒ **1** Werten Sie die in [B 2] dargestellten Befunde aus.

20/100 ◒ **2** Werten Sie die Ergebnisse bezüglich der Flügellängen aus [B 3 und 4] (sowie Eingangstext).

10/100 ○ **3** Stellen Sie eine Hypothese dazu auf, welche Selektionsfaktoren auf die Schwalben bezüglich der Flügellänge wirken.

50/100 ● **4** Skizzieren Sie in [B 5] die mögliche weitere Entwicklung der Flügellänge nach einigen Jahrzehnten und begründen Sie Ihre Annahmen.

Turbo-Evolution bei Rotkehl-Anolis

1 Rotkehl-Anolis *(Anolis carolinensis)*

2 Zehenballen mit Lamellen

3 Bahama-Anolis *(Anolis sagrei)*

Die Rotkehl-Anolis (*Anolis carolinensis*, Bild 1) sind kleine grüne, leguanartige Echsen mit rotem Kehlsack. Sie sind als einzige Anolis-Art in Florida heimisch. Aufgrund ihrer Zehenballen mit vielen Lamellen an der Unterseite [B 2] sind sie ausgezeichnete Kletterer und können leicht an Baumstämmen und Ästen nach Insekten suchen. In ihren Lebensraum drangen, von Kuba stammend, die nah verwandten Bahama-Anolis *(Anolis sagrei)* [B 3] ein. Aufgrund ihrer ähnlichen Lebensweise konkurrieren die beiden Arten um Beute im gleichen Bereich an den Bäumen.

In einem Freilandexperiment untersuchten Wissenschaftler das Verhalten der Rotkehl-Anolis auf kleinen Inseln vor Florida. Sie setzten 1995 auf drei dieser Inseln zusätzlich Bahama-Anolis aus. Auf den anderen Inseln blieben die Rotkehl-Anolis alleine ohne Konkurrenten. Nach 15 Jahren, d.h. ca. 20 Eidechsengenerationen, waren bei den Rotkehl-Anolis deutliche Veränderungen feststellbar [B 4 und 5].
Außerdem sammelten die Forscher für einen Kontrollversuch Eier von Rotkehl-Anolis von Inseln mit und ohne Konkurrenz durch Bahama-Anolis. Sie ließen die Nachkommen schlüpfen und isoliert aufwachsen. Ihre Füße entsprachen in der Größe denen ihrer Elterntiere.

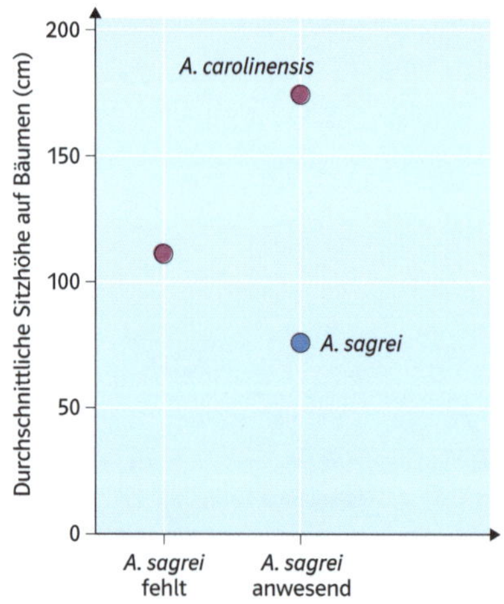

4 Veränderung des Aufenthaltsorts

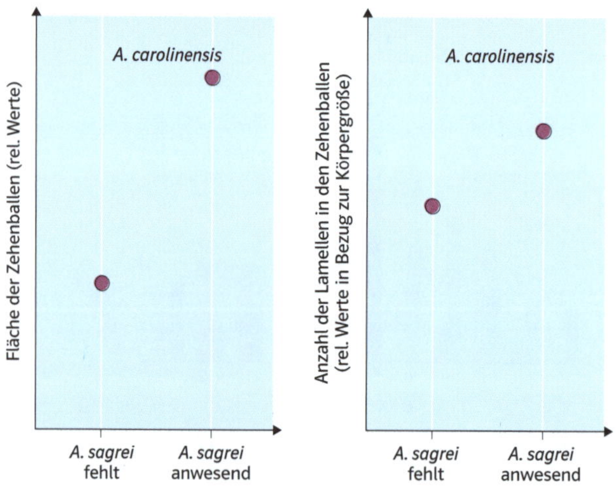

5 Veränderung der Zehenballen

Aufgaben

25/100 **1** Beschreiben Sie die Veränderungen, die bei den Rotkehl-Anolis zu beobachten sind, wenn sie gemeinsam mit den Bahama-Anolis auf den Inseln leben [B 4 und 5].

50/100 **2** Erklären Sie die in [B 2, 4 und 5] dargestellten Befunde.

25/100 **3** Erläutern Sie den Sinn des Kontrollversuchs, den Nachwuchs der Anolis isoliert aufwachsen zu lassen.

Seepferdchen – Rollentausch unter Wasser

Seenadeln, zu denen auch die Seepferdchen, Pfeifen- und Rohrfische gezählt werden, gehören zu den Knochenfischen. Die Seenadeln unterscheiden sich jedoch hinsichtlich ihres äußeren Erscheinungsbildes ganz deutlich von anderen Fischen.

Man findet zu den Seenadeln gehörende Arten weltweit in tropischen und gemäßigten Meeren. Immer wieder werden neue Arten entdeckt. Das macht die Tiere – ebenso wie ihre außergewöhnliche Gestalt – aus evolutionsbiologischer Sicht zu interessanten Forschungsobjekten. Auch ihre Fortpflanzung ist so ungewöhnlich, dass diese Gegenstand zahlreicher wissenschaftlicher Untersuchungen war und ist.

1 Seepferdchen ♂ mit Bruttasche

Nach erfolgter Balz öffnet das Männchen seine Bauchtasche für einige Sekunden.

Das Weibchen legt Eier in die Bauchtasche des Männchens. Das Männchen gibt Sperma dazu.

Die Bauchtasche des Männchens schließt sich.

Die befruchteten Eier werden in der Bauchtasche von Gewebe umwachsen, das Kohlenstoffdioxid aufnimmt und Sauerstoff und Nährstoffe an die sich entwickelnden Embryonen abgibt.

An einem geschützten Ort entlässt das Männchen je nach Art 5 – 25 000 Jungtiere aus der Bauchtasche.

2 Fortpflanzungsschema beim Seepferdchen

	Männchen	Weibchen
Körpergröße	kleiner	größer
Körperfärbung	unscheinbar	silberne Streifen
Körperform	unscheinbar	deutlich größere Rückenflosse
Paarung	mit nur einem Weibchen	mit mehreren Männchen innerhalb kurzer Zeit

3 Untersuchungsergebnisse zur Morphologie und Reproduktion des Golfpfeifenfisches *(Syngnathus scovelli)*

Aufgaben

25/100 ◒ **1** Beschreiben Sie den Ablauf der Fortpflanzung beim Seepferdchen [B 2].

35/100 ● **2** Erklären Sie die in [B 2] dargestellte Brutpflege der männlichen Seepferdchen ultimat unter Kosten-Nutzen-Aspekten.

40/100 ● **3** Stellen Sie mithilfe von [B 2 und 3] eine Hypothese bezüglich der evolutionsbiologischen Entwicklung der äußeren Körpermerkmale der Weibchen der Golfpfeifenfische [B 3] auf.

Geschwisterart vom Makibär entdeckt

Makibären sind Kleinbären aus Mittel- und Südamerika. Sie sind nachtaktiv, leben auf Bäumen und fressen hauptsächlich Früchte. Sie erreichen eine Kopf-Rumpf-Länge von 35–48 cm und eine Körpermasse von 1,0–1,5 kg.

1 Mittelamerika-Makibär

Der Zoologe KRISTOFER HELGEN (*1980) untersuchte Museumexemplare von Makibären. Dabei fand er auch deutlich kleinere Exemplare mit einem anders geformten Schädel, anderen Zahnformen und dichterem Fell als bei den übrigen Exemplaren, die drei bekannten Arten zugeordnet werden. In dem Zusammenhang wurde auch von einem vergleichbaren kleinen Makibär-Weibchen berichtet, das lange in verschiedenen Zoos gelebt hatte, aber nie mit einem Makibär-Männchen verpaart werden konnte.

Später fanden der Forscher diese kleinen Maki-Bären in Freiheit, die in den Anden in Nebelwäldern in 1 500 bis 2 700 m Höhe leben. Andere Makibär-Arten kommen nur in tiefer gelegenen Gebieten bis zu 2 000 m Höhe vor. Mit DNA-Proben der aufgespürten Tiere konnte 2013 endgültig bestätigt werden, dass diese Individuen zu einer neu entdeckten Art gehören. So ergab die Analyse des Cytochrom-b-Gens, dass der genetische Abstand vom Anden-Makibär zu den anderen Makibär-Arten ca. 10–11 % beträgt, während der genetische Abstand zwischen den übrigen Makibär-Arten ca. 6–7 % beträgt.

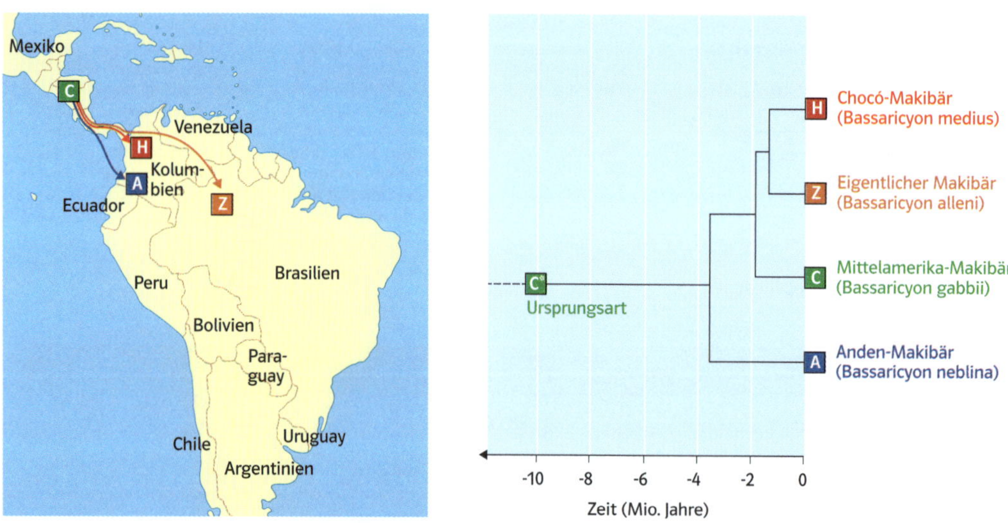

2 Ausbreitungsrichtungen (links) und Stammbaum (rechts) der Makibären-Arten

Aufgaben

30/100 ◒ **1** Beschreiben Sie die Stellung des Anden-Makibärs im Stammbaum der Makibären [B 2].

55/100 ● **2** Ermitteln Sie anhand der Ausbreitungsrichtungen und des Stammbaums der vier Makibären-Arten in [B 2] einen Isolationsmechanismus, der zur Entstehung der vier Makibär-Arten beigetragen haben kann.

15/100 ○ **3** Erläutern Sie die Tatsache, dass ein Anden-Makibär-Weibchen im Zoo nicht mit einem anderen Makibär-Männchen verpaart werden konnte.

Nachkommen ohne Sex

Bei Tieren ist sexuelle Fortpflanzung weit verbreitet. Einige Tierarten können sich aber auch durch Parthenogenese (Jungfernzeugung) vermehren. Beobachtetet wird dies vor allem bei Insekten, Rädertierchen, Bärtierchen, aber auch bei einigen Echsenarten, Schlangenarten, Schnecken- oder Haiarten. Bei Honigbienen entstehen aus unbefruchteten Eiern nur männliche Tiere.

1 Buchenblattlaus *(Phyllaphis fagi)*

Es gibt unterschiedliche Mechanismen für die Entstehung von Nachwuchs ohne Befruchtung. Bei einigen Arten entstehen die Eizellen beispielsweise durch Mitose statt durch Meiose. Da keine interchromosomale Rekombination stattfindet, sind die Nachkommen Klone der Mutter. Viele Arten wechseln zwischen parthenogenetischer und zweigeschlechtlicher Fortpflanzung.

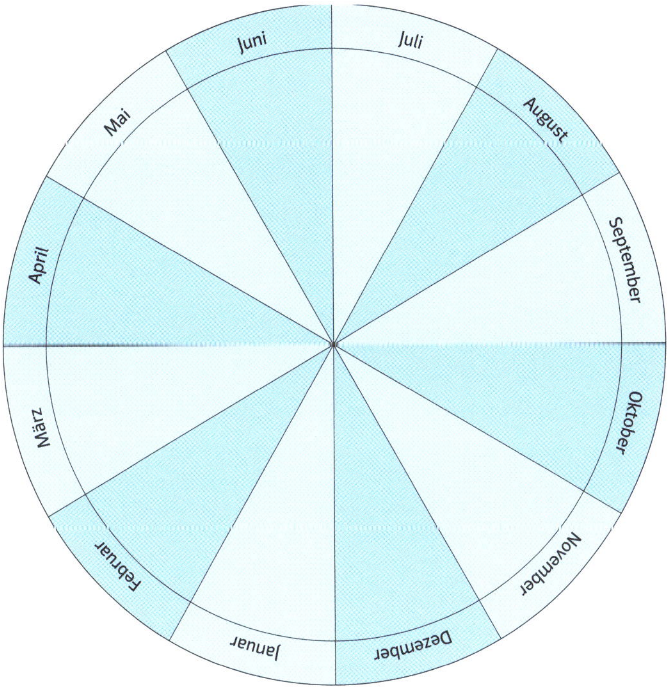

2 Jahresübersicht der Fortpflanzung

Im April schlüpfen Buchenblattläuse auf Buchen aus befruchteten überwinternden Eiern des Vorjahres. Sie entwickeln sich zu Stammmüttern (Fundatrix). Diese bringen durch Parthenogenese ab Mai bis zu 80 Junglarven (Virgines) hervor.
Die Virgines bilden Kolonien auf den Blättern. Einige Exemplare haben Flügel und können andere Buchen aufsuchen und dort neue Kolonien gründen. Virgines bringen parthenogenetisch viele weitere Virgines hervor, ab August auch Sexuparae.
Sexuparae erzeugen ab September parthenogenetisch weibliche und beflügelte männliche Nachkommen, die Sexuales.
Die Sexuales paaren sich. Dann legen die Weibchen im Oktober 10–16 überwinterungsfähige Eier ab.

3 Fortpflanzung bei der Buchenblattlaus

Aufgaben

50/100 ● **1** Zeichnen Sie die Generationswechsel der Buchenblattlaus [B 3] mit Pfeilen in die Jahresübersicht ein [B 2]. Verwenden Sie dabei verschiedene Farben für sexuell und parthenogenetisch erzeugte Läuse.

25/100 ◒ **2** Nennen Sie Vor- und Nachteile der Parthenogenese aus evolutionsbiologischer Perspektive.

25/100 ◒ **3** Erläutern Sie den Vorteil, den Blattläuse dadurch haben, dass sie sich am Ende des Jahres sexuell fortpflanzen.

Der Teydefink – das Symboltier der Insel Teneriffa

Auf der Kanarischen Insel Teneriffa (ca. 300 km westlich von Marokko) kommen Teydefinken [B 1] und Buchfinken [B 2] vor. Der Buchfink ist in Europa und Nordafrika verbreitet. Der mit dem Buchfink eng verwandte Teydefink kommt auf dem Festland nicht vor und ist auf Teneriffa endemisch.

1 Teydefink *(Fringilla teydea)*

2 Buchfink *(Fringilla coelebs)*

Kennzeichen	Teydefink	Buchfink
Größe, Körpermasse	16 cm, 22–35 g	15 cm, 17–30 g
Habitat	Kiefernwälder, in Höhe von 1200 bis 1800 Metern	Laub- und Mischwälder, Gärten, Hecken, bis in Höhe von 1500 Metern
Nahrung	Kiefernsamen, Insekten	Beeren, Buchensamen, Insekten
Brut	1-mal im Spätsommer, 2 Eier	2-mal früh im Jahr, 3–6 Eier
Rufe	„peng“ (Alarm), „pië“ (im Flug) „djudelüi“ (Erregung)	„pink“ (Alarm), „djüb“ (im Flug) „hüid“ (Erregung)

3 Vergleich von Teydefink und Buchfink

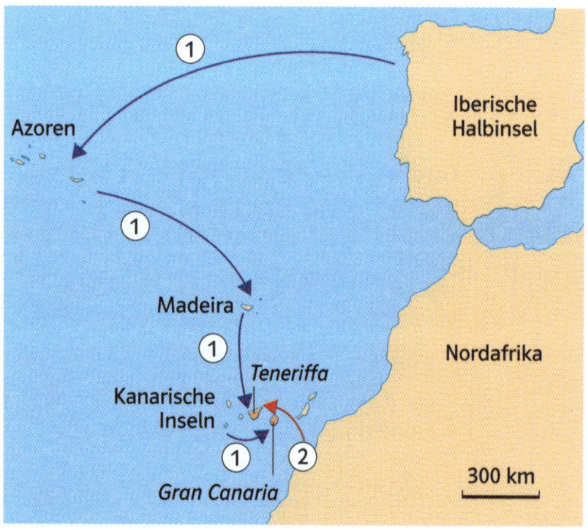

4 Einwanderungswege der Finkenvorfahren

Forscher nehmen an, dass im Verlauf von 1,5 Millionen Jahren die europäischen Vorfahren des Teydefinks vom Festland aus von Insel zu Insel gelangt sind, bis sie Teneriffa erreichten [B 4, ①]. Durch später neu eingewanderte Buchfinken ergab sich das jetzige gemeinsame Vorkommen auf Teneriffa [B 4, ②]. Der Gesang von Vögeln ist zum Teil genetisch bedingt. Er dient der Verständigung zwischen Artgenossen. Das eindeutige Erkennen ist besonders wichtig, wenn viele artfremde Sänger in einem Gebiet vorkommen. Teydefinken reagieren nicht auf den Gesang der Buchfinken und umgekehrt [B 3].

5 Ausbreitung der Finkenvorfahren

Aufgaben

10/100 ○ **1** Beschreiben Sie die Einwanderung der Finkenvorfahren nach Teneriffa [B 4 und 5].

30/100 ◒ **2** Erläutern Sie beim Entstehen der Teydefinken wirkende Evolutionsfaktoren [B 3–5].

30/100 ◒ **3** Erläutern Sie die Koexistenz von Teydefink und Buchfink auf Teneriffa [B 3].

30/100 ◒ **4** Prüfen Sie, ob Teydefink und Buchfink Schwesternarten oder Unterarten einer Art sind.

Endemische Tauben auf den Kanarischen Inseln

Die Lorbeertaube (*Columba junoniae*) [B 1] und die Kanarentaube *(Columba bollii)* sind endemische Arten auf den Kanarischen Inseln. Äußerlich sind die beiden Taubenarten leicht zu verwechseln. Außerdem haben sie ähnliche Verbreitungsgebiete, jedoch lebt die Kanarentaube im Gegensatz zur Lorbeertaube vor allem in höheren Bergregionen von Lorbeerwäldern. Die Tauben ernähren sich hauptsächlich von den Früchten dieser Bäume.

1 Lorbeertaube *(Columba junoniae)*

Zur Klärung der stammesgeschichtlichen Herkunft der beiden Taubenarten und des Zeitpunkts ihrer Besiedlung der Kanarischen Inseln wurden Genanalysen der mitochondrialen Gene für Cytochrom b und NADH-Dehydrogenase sowie des nukleären Gens für β-Fibrinogen durchgeführt. Die Daten wurden auch in Bezug zu anderen Taubenarten ausgewertet.

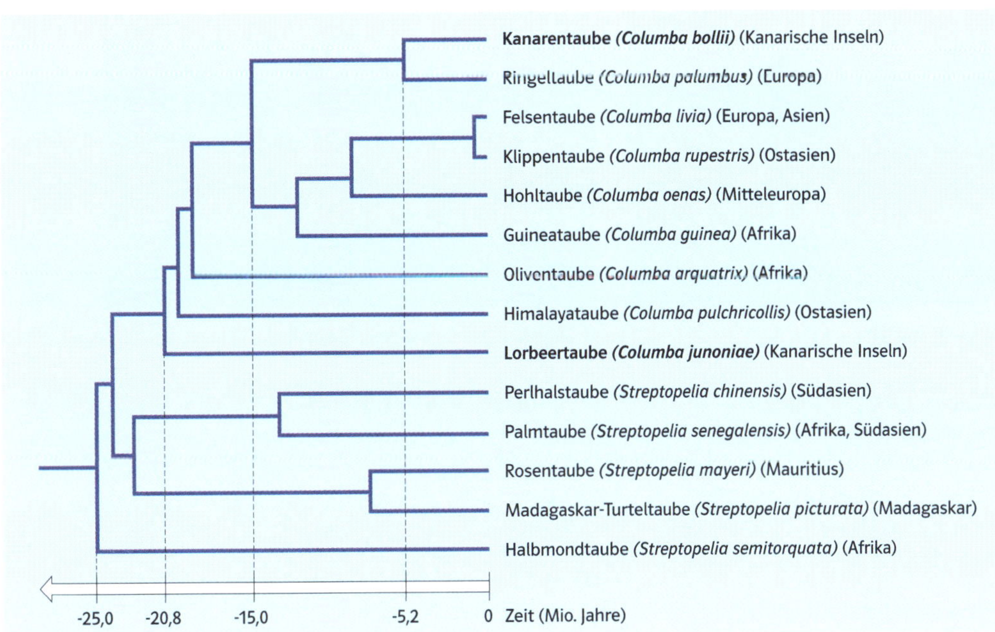

2 Verwandtschaftsverhältnisse von Taubenarten

Aufgaben

20/100 ○ **1** Nennen Sie die Definition für endemische Arten.

25/100 ◒ **2** Werten Sie den Stammbaum bezüglich der Verwandtschaft der beiden auf den Kanarischen Inseln vorkommenden endemischen Taubenarten aus [B 2].

30/100 ◒ **3** Erklären Sie, dass man von Unterschieden in der Nucleotidabfolge in der Genanalyse auf phylogenetische Verwandtschaft und Zeiträume der getrennten Entwicklung schließen kann.

25/100 ◒ **4** Erläutern Sie den Vorteil beim Vorgehen, wenn man bei der Stammbaumanalyse sowohl mitochondriale als auch nukleäre Gene verwendet.

Neue Meerschweinchenart aus Münster

An der Universität in Münster wurde eine neue Meerschweinchenart entdeckt. Eigentlich lebte hier eine Gruppe Wieselmeerschweinchen (*Galea musteloides*) [B 1]. Um Inzucht zu vermeiden, wurden 2004 weitere Meerschweinchen aus ihrer Heimat Bolivien importiert. Doch die Neuankömmlinge zeigten einige Verhaltensauffälligkeiten und gemeinsamer Nachwuchs mit der bestehenden Gruppe stellte sich auch nicht ein.

Als man die Tiere genauer untersuchte, stellte man verblüfft einige Unterschiede fest. Die Neuankömmlinge zeigten ein völlig anderes Sozialverhalten. Alle anderen 14 Meerschweinchenarten leben in Gruppen mit strengen Hierarchien, die Neuankömmlinge hingegen in monogamen Paarbeziehungen. Die Männchen spielten intensiv mit dem Nachwuchs, was bei allen anderen Arten selten ist. Dafür waren die Neuankömmlinge sehr aggressiv gegenüber fremden Individuen. Bereits verpartnerte Männchen verjagten sogar andere Weibchen. Auch körperlich gibt es einige Unterschiede. Sie betreffen z. B. die Geschlechtsorgane. Dies könnte eine Paarung mit den Wieselmeerschweinchen verhindert haben. Eine Untersuchung des Genoms zeigte ebenfalls große Unterschiede. Die neue Art wurde Münsterisches Meerschweinchen *(Galea monasteriensis)* genannt.

1 Wieselmeerschweinchen

2 Münsterisches Meerschweinchen

a) Morphologischer Artbegriff
Arten sind Gruppen von Organismen, die sich anhand morphologischer Merkmale, also anhand von Formen und Strukturen, voneinander unterscheiden lassen. Zwischenformen fehlen.

b) Biologischer Artbegriff
Eine Art ist eine Gruppe Organismen, die gemeinsam fruchtbare Nachkommen erzeugen können. Eine solche Gruppe ist genetisch von anderen Gruppen isoliert und evolviert als Einheit.

c) Phylogenetischer Artbegriff
Eine Art ist die gesamte Gruppe von Individuen bzw. Populationen, die für einen bestimmten Zeitraum auf einen gemeinsamen Vorfahren zurückgeführt werden kann.

d) Physiologischer/genetischer Artbegriff bei Bakterien
Bakterienarten (Bakterienstämme) können durch ihre speziellen Stoffwechselleistungen charakterisiert werden. Alternativ kann definiert werden, dass Stämme sich in mindestens 70 % ihres Genoms unterscheiden.

3 Definitionen des Artbegriffs

Aufgaben

20/100 ◒ **1** Vergleichen Sie die vier Artbegriffe in [B 3].

10/100 ○ **2** Begründen Sie, dass für Bakterien ein eigener Artbegriff verwendet wird.

45/100 ● **3** Prüfen Sie nach den drei Artbegriffen in [B 3a–c], ob es sich bei den Münsterischen Meerschweinchen nach dem jeweiligen Begriff um eine eigene Art handelt.

25/100 ◒ **4** Stellen Sie eine Hypothese über mögliche Isolationsmechanismen zwischen den beiden Meerschweinchenarten auf.

Mohrenfalter im Alpenraum

1 Schillernder Mohrenfalter *(Erebia tyndarus)*

Die Mohrenfalter bilden innerhalb der Familie der Augenfalter die Gattung Erebia, zu der viele Arten gehören. Die Mohrenfalter sind mittelgroße Tagfalter mit dunkelbrauner Grundfarbe [B 1] und sehr ähnlicher Flügelzeichnung. Da sich die Vertreter aus den verschiedenen Gebirgsregionen kaum unterscheiden, meinten Schmetterlingsforscher lange Zeit, dass sie alle zu einer Art gehören. Die Lebensweisen der adulten Falter sind auch recht ähnlich. Sie kommen oft in großen Höhen und kalten Gebieten vor. Auch die Lebensgewohnheiten und die Nahrung der Larven stimmen weitgehend überein.

Man vermutet, dass die Artbildung der Mohrenfalter in der Eiszeit begann: Während der Gletscherperioden erweiterte sich das Verbreitungsgebiet der Falter aufgrund des geringen Nahrungsangebots. In den Warmperioden reduzierte es sich, da ihre Angepasstheit an niedrige Umgebungstemperaturen keinen Vorteil mehr bot.

Um zu klären, ob die Mohrenfalter zu einer gemeinsamen Art oder zu verschiedenen Arten gehören, führte Zdravko Lorcovic (1900–1998) Kreuzungsexperimente mit Vertretern benachbarter Arten durch [B 2 und 3]. Die Ergebnisse wurden von Analysen des Chromosomensatzes gestützt [B 2].

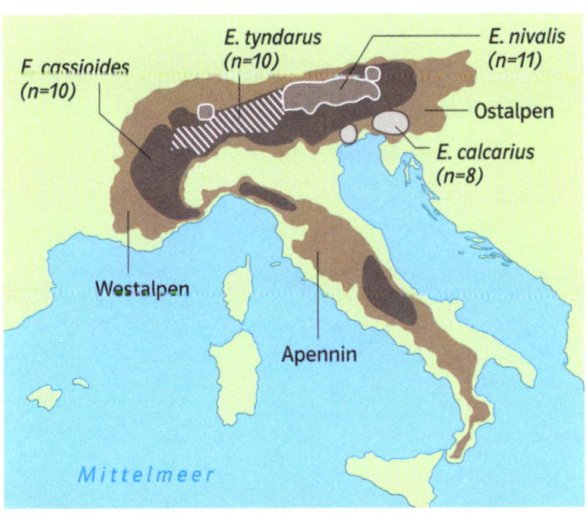

2 Vorkommen von Erebien-Arten im Alpenraum

Kreuzung verschiedener Erebien-Arten	Kreuzungsergebnisse
E. nivalis x E. cassioides	keine fertilen Hybride
E. nivalis x E. calcarius	keine fertilen Hybride
E. cassioides x E. tyndarus	geringe Anzahl fruchtbarer Hybride
E. cassioides x E. calcarius	geringe Anzahl fruchtbarer Hybride
(E. nivalis x E. tyndarus)	(keine Testung, weil in der Natur keine Hybride aufzufinden sind)

3 Kreuzung verschiedener Erebien-Arten

Aufgaben

10/100 ○ **1** Nennen Sie die Definition des biologischen Artbegriffs.

25/100 ◒ **2** Erklären Sie die Bedeutung der genannten Kreuzungsexperimente für die Bestimmung der Artzugehörigkeit.

45/100 ● **3** Erläutern Sie eine denkbare Form der Artbildung bei den Mohrenfaltern unter Berücksichtigung der Kreuzungsergebnisse [B 2].

20/100 ◒ **4** Stellen Sie eine Hypothese für das mögliche Ergebnis einer Kreuzung zwischen *E. cassioides* aus den Westalpen und Individuen aus dem Apennin auf [B 2].

Langnasen-Nattern – Unterarten oder Arten?

1 Langnasen-Natter *(Rhinocheilus lecontei)*

2 Mojave-Wüste (Bereich der Halbwüste)

Die Langnasen-Natter (*Rhinocheilus lecontei*) [B 1] kommt in den südwestlichen Bundesstaaten der USA vor [B 2]. Der Name beruht auf ihrer Kopfform mit einem verkürzten Unterkiefer und einem verlängerten, spitzen Oberkiefer. Die Schlange ist ungiftig. Sie jagt in der Dämmerung, tagsüber vergräbt sie sich im Boden. Zu den Lebensräumen gehören trockene Habitate, wie Wüsten und Halbwüsten, aber auch Steppen und Grasland.

Im Gebiet der Mojave-Wüste beobachtete man in den 1960er-Jahren zwei Phänotypen der Langnasen-Nattern. Die Wüstenform kam mitten in der Wüste vor, die Halbwüstenform am Rande der Wüste im Übergang zu etwas feuchteren Gebieten. Die Formen unterschieden sich in Färbung, Schuppenformen und Schuppenanordnung.

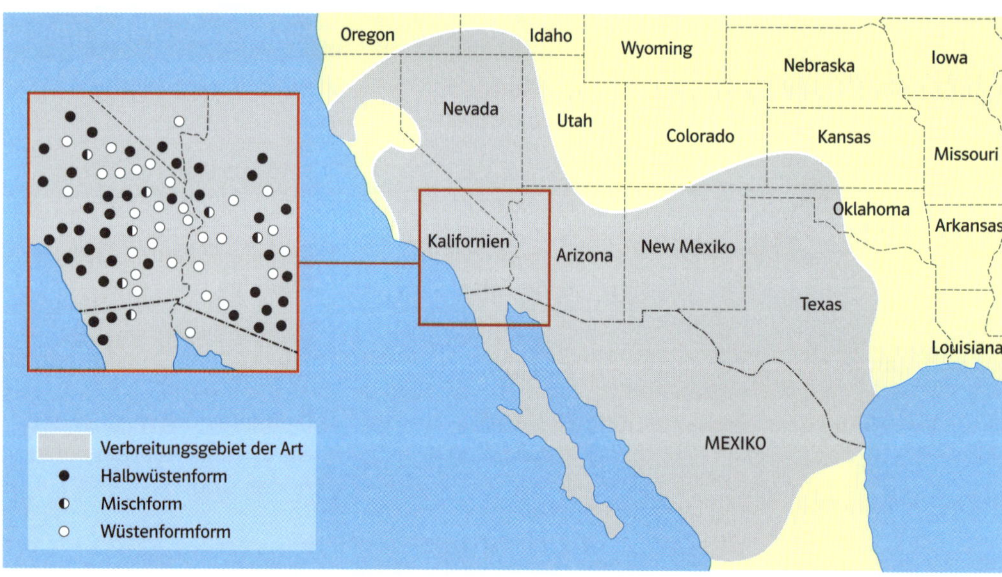

3 Verbreitung der Langnasen-Nattern *(Rhinoleichus lecontei)*

Aufgaben

20/100 ○ **1** Nennen Sie die Definitionen für eine Art und eine Unterart.

25/100 ◒ **2** Beschreiben Sie das Vorkommen der verschiedenen Formen der Langnasen-Nattern in dem Wüstengebiet [B 3].

55/100 ● **3** Deuten Sie die Verteilung der Mischformen sowie der Wüsten- und Halbwüstenformen der Langnasen-Nattern im Randbereich der Wüste hinsichtlich der Frage, ob es sich um verschiedene Arten handelt [B 3].

Fossile Einzeller

Radiolarien (Strahlentierchen) sind einzellige Vertreter des Meeresplanktons. Sie besitzen ein charakteristisches Endoskelett aus Siliciumdioxid. Im Nordpazifik kommt heute unter anderem die ca. 200 µm lange und knapp 100 µm breite Radiolarienart *Eucyrtidium calvertense* vor [B 1]. Die Einzeller treiben im Wasser, ernähren sich amöboid von kleinen Nahrungsteilchen und sinken nach dem Absterben mit anderen Schwebstoffen auf den Tiefseeboden ab. Dort bilden sie Sedimente, weil das Siliciumdioxid nicht abgebaut wird.

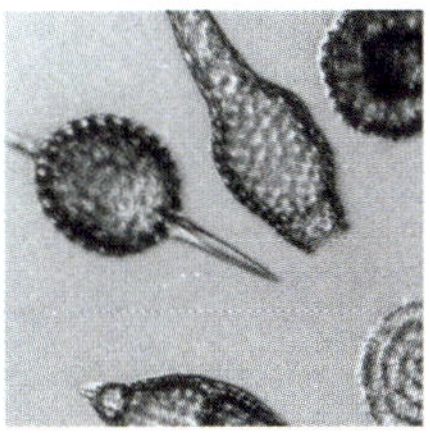

1 *Radiolarien*

Die Sedimentschichten in einem Bohrkern aus dem Boden des Nordpazifiks wurden auf das Vorkommen von fossilen Radiolarien untersucht, um Erkenntnisse über die Vorfahren von *Eucyrtidium calvertense* und ihre Verwandtschaftsbeziehungen zu gewinnen [B 2].

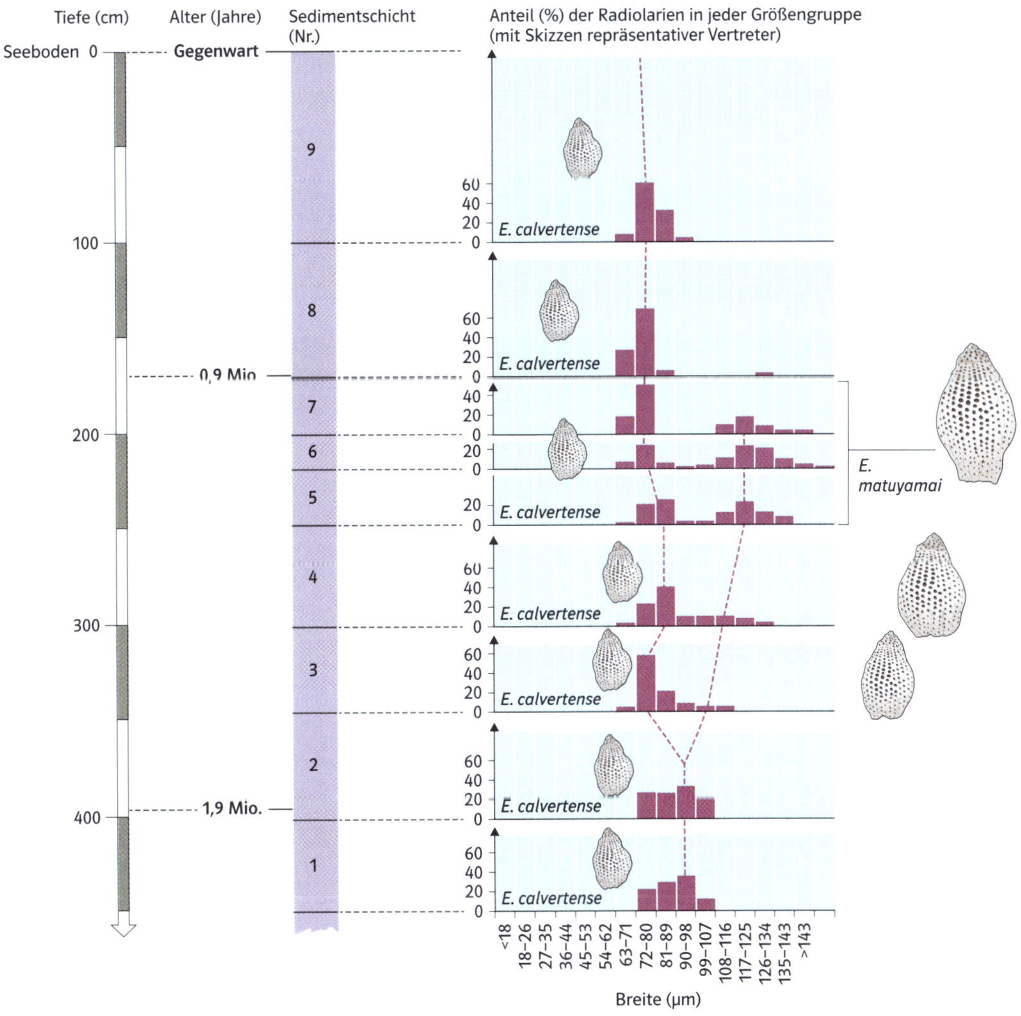

2 Funde von Radiolarien im Bohrkern

Aufgaben

20/100 ○ **1** Nennen Sie die Definition für ein Fossil.

30/100 ◒ **2** Fassen Sie die in [B 2] dargestellten Untersuchungsergebnisse zusammen.

50/100 ● **3** Erläutern Sie die Befunde aus [B 2] aus evolutionsbiologischer Sicht.

Orcas – ein Beispiel für aktuelle Artbildung?

Der Orca *(Orcinus orca)*, oder Schwertwal, ist ein weltweit verbreiteter fleischfressender Meeressäuger. Hauptsächlich sind Orcas in nördlichen Breiten zu finden. Die Tiere leben in komplexen Sozialgruppen. Bei der Jagd nutzen sie oft kooperative Techniken. Sie greifen gemeinsam an und teilen die Beute anschließend untereinander auf. Beobachtungen verschiedener Orcapopulationen haben gezeigt, dass man die Art in verschiedene Ökotypen einteilen kann. Da die verschiedenen Typen kaum untereinander agieren und sich nicht miteinander fortpflanzen, geht man davon aus, dass hier ein Artbildungsprozess abläuft. Insbesondere vor der Küste der kanadischen Provinz British Columbia sind umfangreiche Studien zu diesem Thema durchgeführt worden. Man unterteilt Orcas anhand der dort erhobenen Ergebnisse in *resident* Orcas, *transient* Orcas und *offshore* Orcas.

1 Orca

2 Verbreitungsgebiet der drei Orca-Typen vor British Columbia

	resident orca	transient orca	offshore orca
Nahrung	Fische, v.a. kleinere Schwarmfische (Heringe, Lachse)	andere Meeressäugetiere (Robben, Wale)	Fische, größere Raubfische,Haie
Lebensraum	küstennahe, tiefe Gewässer	küstennahe, flache Gewässer (Uferbereiche)	offenes Meer, Küstengewässer
Wanderverhalten	beieinander liegende Gebiete, regelmäßiger Besuch; geringes Wanderverhalten (z.B. zu Flussmündungen während der Lachswanderungen)	Zurücklegen weiter Strecken entlang der Küste	Zurücklegen weiter Strecken an der Küste oder offenem Meer
Sozialstruktur	sehr feste Mutterliniengruppen (älteste Kuh, ihre Nachkommen, Nachkommen ihrer Töchter), verwandte Gruppen bilden Schulen	lockere Zusammenschlüsse von mehreren Weibchen und deren Nachkommen	unbekannt
Gruppengröße	>10, bis zu 80	2–6	20–75
Lautäußerungen	großes Repertoire an Lauten, starke Vokalisation beim gemeinsamen Jagen, Tiere derselben Schule verwenden eigene Dialekte	geringes Repertoire an universellen Lauten, kaum akustische Kommunikation beim Jagen	starke Kommunikation über Laute bei der gemeinsamen Jagd

3 Merkmale der verschiedenen Orca-Typen

Aufgaben

25/100 **1** Vergleichen Sie die Prozesse der allopatrischen und der sympatrischen Artbildung.

75/100 **2** Erläutern Sie die mögliche Entstehung der drei Orca-Typen durch Vergleich der Verbreitungsgebiete, der ökologischen Nischen und des Sozialverhalten [B 2 und 3].

Die Vielfalt kletternder Beuteltiere

Als sich Australien vor etwa 100 Millionen Jahren von der Antarktis abspaltete, zeigten die Beuteltiere bereits viele Ökotypen, wie z. B. Kletterer-, Grab-, Spring- und Raubbeutler. In der Folgezeit fanden weitere Radiationen statt. Heute gibt es eine Vielzahl unterschiedlicher Beuteltiere, die an verschiedenste Lebensbedingungen angepasst sind. Kletternde Beuteltiere haben häufig eine Greifhand mit opponierbarem Daumen, Greiffüße und einen Greifschwanz. Alle Tiere in [B 1] sind nachtaktiv und orientieren sich mit ihrem Seh- oder Hörsinn. Einige haben eine besonders lange Zunge zum Aufnehmen von Nektar oder lange, spitze Finger zum Ergreifen von Insekten.

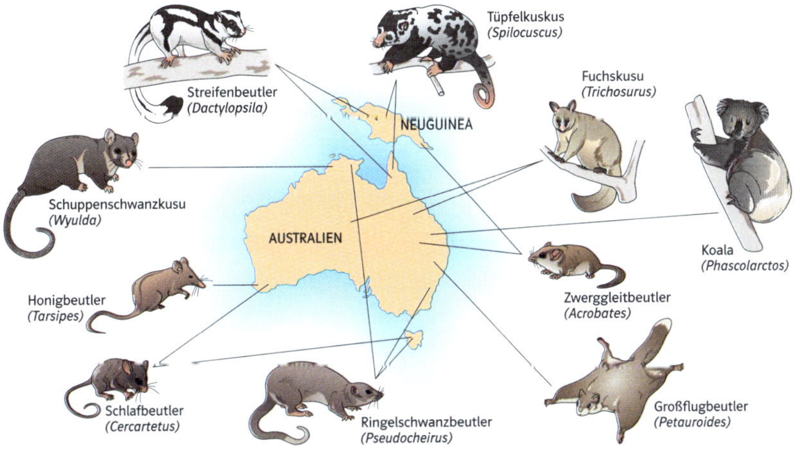

1 Verbreitung verschiedener kletternder Beuteltiere in Australien

Name	Lebensraum	Aufenthaltsort	Nahrung
Tüpfelkuskus	Wald	Bäume	Blätter, Blüten, Früchte
Fuchskusu	Wald, Park	Bäume, Boden	Blätter, Blüten
Koala	Eukalyptus-wald	Eukalyptusbäume	Blätter, Rinde, Früchte bestimmter Eukalyptusarten
Zwerggleitbeutler	Wald	Bäume	Insekten, Würmer, Früchte, Nektar
Großflugbeutler	Eukalyptus-wald	Eukalyptusbäume	Eukalyptusblätter, -knospen, -blüten
Ringelschwanzbeutler	Wald	Bäume	Blätter, Blüten, Früchte
Schlafbeutler	Wald	Bäume	Blätter, Früchte, Nüsse, Insekten, Spinnentiere, kleine Wirbeltiere
Honigbeutler	Waldgebüsch	Sträucher, Büsche	Nektar, Pollen
Schuppenschwanzkusu	Wald mit Fel-sen	Bäume, Felsspal-ten	Blätter, Früchte, Insekten, kleine Wirbeltiere
Streifenbeutler	Wald	Bäume	Insekten

2 Ansprüche verschiedener kletternder Beuteltiere

Aufgaben

20/100 ◒ **1** Fassen Sie die Ansprüche der dargestellten kletternden Beuteltiere zusammen [B 2].

40/100 ● **2** Erklären Sie die Koexistenz der verschiedenen kletternden Beuteltiere in Australien [B 1 und 2].

40/100 ● **3** Erläutern Sie einen möglichen Ablauf der Entstehung der baumbewohnenden Arten [B 1 und 2].

Evolutives Wettrüsten

1 Fichtenkreuzschnabel

2 Kiefernzapfen

3 Rothörnchen

Die Küstenkiefer *(Pinus contorta latifolia)* kommt häufig in den Nadelwäldern Nordamerikas vor. Die Samen in ihren Zapfen [B 2] werden vom Fichtenkreuzschnabel (*Loxia curvirostra*) [B 1] gefressen. Dabei spreizt der Vogel mit seinen gekreuzten Schnabelspitzen die Schuppen ab, um die darunterliegenden Samen zu erreichen. Vögeln mit flacheren Schnäbeln fällt es schwer, diese Samen zu erreichen. Die Samen gehören auch in das Nahrungsspektrum des Rothörnchens (*Tamiasciurus hudsonicus*) [B 3]. Das Tier hält beim Fressen den Zapfen in den Vorderpfoten und beißt die Schuppen mit den Nagezähnen ab. Die Rothörnchen verstecken einen Teil der Zapfen als Winterfutter. Im Verbreitungsgebiet von Rothörnchen findet man selten Fichtenkreuzschnäbel.

Wissenschaftler gingen der Frage nach, ob eine Koevolution zwischen der Küstenkiefer, und dem Fichtenkreuzschnabel, vorliegt. Sie verglichen die Kiefernzapfen und Fichtenkreuzschnäbel in einem Gebiet der Rocky Mountains (A), in dem beide 12 000 Jahre gemeinsam lebten, mit einem Gebiet (B), in dem auch viele Rothörnchen leben [B 4]. Sie untersuchten auch die Auswirkung der Schnabelhöhe auf die Futteraufnahme und das Überleben der Vögel [B 5].

Zapfenmerkmale (Durchschnittswerte)	Gebiet A: nur Fichtenkreuzschnäbel	Gebiet B: überwiegend Rothörnchen
Zapfenlänge (mm)	49,60	36,21
Zapfenbreite (mm)	26,00	23,10
Schuppendicke (mm)	2,98	2,63
Anzahl Samen pro Zapfen	50,00	15,10
Masse eines Samens (mg)	7,01	4,47

4 Messergebnisse zu Zapfen der Küstenkiefer

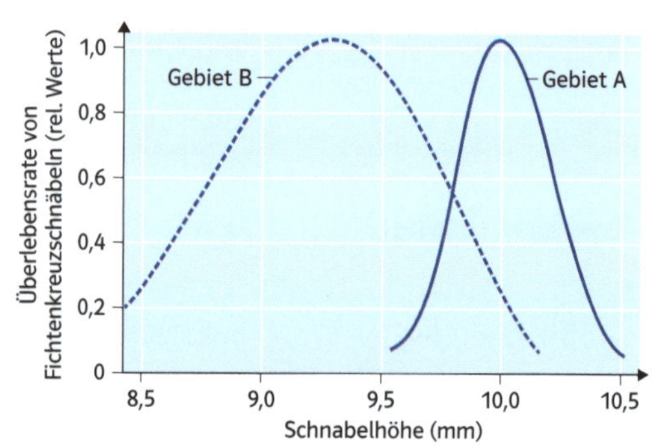

5 Schnabelhöhe und Überlebensrate

Aufgaben

05/100 ○ **1** Nennen Sie eine Definition von Koevolution.

25/100 ◒ **2** Beschreiben Sie die Beobachtungen bei den Zapfenmerkmalen [B 4].

25/100 ◒ **3** Fassen Sie die Messergebnisse zur Auswirkung der Schnabelhöhen auf die Überlebensrate der Fichtenkreuzschnäbel zusammen [B 5].

45/100 ● **4** Werten Sie die Materialien hinsichtlich der Fragen aus, ob eine Koevolution zwischen Küstenkiefer und Fichtenkreuzschnabel vorliegt und der Bedeutung der Rothörnchen.

Wechselseitiger Einfluss – Koevolution

Viele Pflanzen produzieren Gifte oder Bitterstoffe, durch die potenzielle Fressfeinde abgewehrt werden. Das trifft auch bei einem Resueda-Gewächs (*Ochradenus baccatus*) [B 2] zu, einer unter anderem in der Wüste Negev vorkommenden Pflanzenart. Tiere, die ihre Früchte im Ganzen fressen würden, nähmen dabei giftige Senföle auf.

1 Ägyptische Stachelmaus

Die Ägyptische Stachelmaus (*Acomys cahirinus*) [B 1] kann die Pflanze trotzdem als Futterquelle nutzen. Eigentlich fressen die Mäuse häufig Samen. Bei dieser Pflanze fressen sie jedoch nur das Fruchtfleisch und spucken die Samen aus. Die Samen bleiben an dem Ort liegen, an dem die Mäuse die Früchte fressen. Manchmal kehren die Tiere Stunden nach der Fruchtfleisch-Mahlzeit zurück und fressen dann die Samen. Oft vergessen sie jedoch die Samen. Forscher stellten fest, dass die von Mäusen ausgespuckten Samen doppelt so häufig keimen wie Samen in unversehrten Früchten.

2 *Ochradenus baccatus*

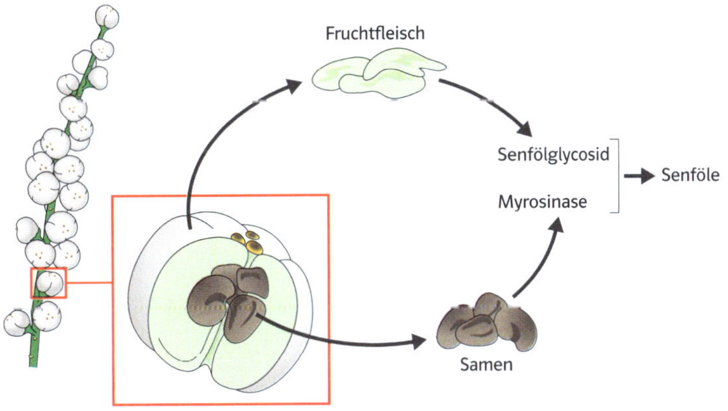

3 Giftwirkung von *Ochradenus baccatus*

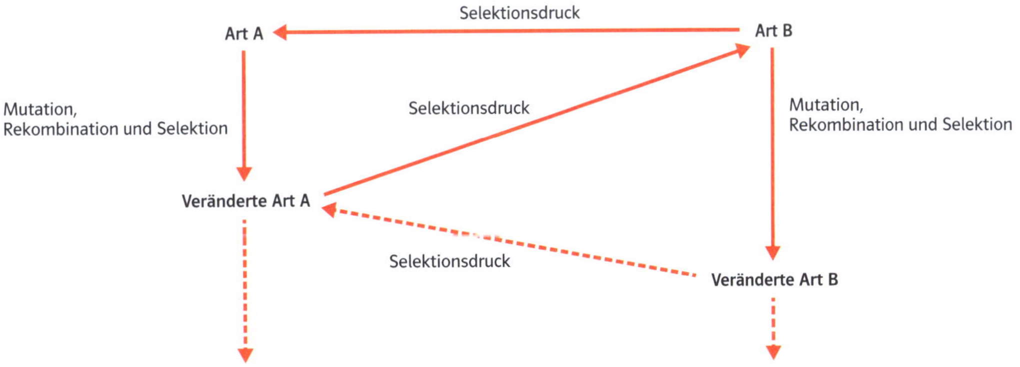

4 Concept-Map zu Koevolution

Aufgaben

25/100 ◒ **1** Erläutern Sie mit Bezug zu [B 3], dass die Stachelmaus die Pflanze *Ochradenus baccatus* als Nahrungsquelle nutzen kann, ohne sich zu vergiften.

25/100 ◒ **2** Erläutern Sie den Begriff Koevolution mithilfe der Concept-Map in [B 4].

50/100 ● **3** Erstellen Sie eine Concept-Map für die Koevolution von Ägyptischer Stachelmaus und *Ochradenus baccatus*.

Das Aussterben des Beutelwolfs

Die ersten europäischen Siedler entdeckten in Tasmanien, einer zu Australien gehörenden Insel, ein Tier, das sie an einen europäischen Wolf erinnerte. Es wurde folglich als „Beutelwolf" bezeichnet, manchmal aufgrund seiner Streifen auch als „Tasmanischer Tiger".

1 Beutelwolf *(Thylacinus cynocephalus)*

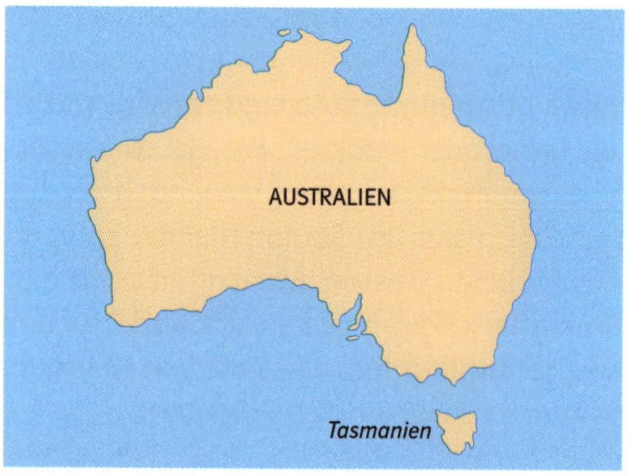

2 Australischer Kontinent mit Tasmanien

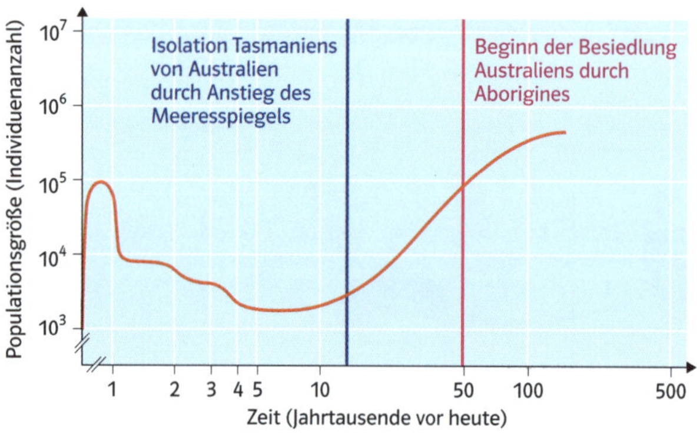

3 Entwicklung der Gesamtpopulation des Beutelwolfs

Der Beutelwolf war ursprünglich in ganz Australien verbreitet. Als die Europäer im 18. Jahrhundert eintrafen, war er auf dem Kontinent bereits ausgestorben und lebte nur noch auf Tasmanien. Dort starb das letzte Tier 1936 in einem Zoo, der Beutelwolf ist seitdem weltweit ausgestorben. Die jüngsten Funde auf dem australischen Kontinent sind dagegen schon ca. 5000 Jahre alt.

Aborigines besiedelten von Norden ausgehend den australischen Kontinent. Die Anzahl der Menschen vom Zeitpunkt der Isolation von Tasmanien (verursacht durch einen Anstieg des Meeresspiegels) bis zum Eintreffen der Europäer blieb dabei in etwa konstant bei ca. 5 000, während sie in anderen Gebieten Australiens stark anstieg. Durch die Isolation und den damit unterbrochenen kulturellen Austausch blieb in Tasmanien auch die Lebensweise weitgehend unverändert. Während auf dem australischen Kontinent, ebenfalls von Norden ausgehend, neue Werkzeuge, Waffen und Jagdtechniken Einzug hielten, wurde auf Tasmanien eine steinzeitliche Lebensweise beibehalten. Beutelwölfe wurden sowohl von den Aborigines als auch von den europäischen Siedlern bejagt. Ab ca. 1900 beobachtete man zunehmend, dass Tiere an einer Krankheit verendeten, die einer in Europa verbreiteten Hundekrankheit ähnelte.

4 Einfluss des Menschen auf den Beutelwolf

Aufgaben

20/100 ○ **1** Beschreiben Sie das Prinzip der Gendrift.

25/100 ◒ **2** Beschreiben Sie die Populationsentwicklung des Beutelwolfs vor und nach der Isolation Tasmaniens anhand von [B 2 und 3].

55/100 ● **3** Stellen Sie eine Hypothese zu den Ursachen des Aussterbens des Beutelwolfs auf dem australischen Kontinent und auf Tasmanien auf [B 2–4].

Allelverschiebungen bei Bänderschnecken

Die Schwarzmündige Bänderschnecke *(Cepaea hortensis)* ist in Europa weit verbreitet. Es kommen unterschiedliche Gehäusefarben und Anzahlen von Bändern (Streifen) vor. Beide Merkmale sind erblich. Jede Schnecke trägt zwei der fünf verschiedenen Allele für die Gehäusefarbe. Auf demselben Chromosom liegt auch ein Gen, das bestimmt, ob das Gehäuse Bänder aufweist oder nicht. Weitere Gene können auf die Stärke und Intensität der Bänderung Einfluss nehmen. Je nach Färbung des Gehäuses sind die Schnecken auf unterschiedlichen Untergründen verschieden gut getarnt. Neuere Untersuchungen legen nahe, dass auch die Menschen durch Nutzung des Lebensraums indirekten Einfluss auf die Häufigkeit der Gehäusefärbungen haben, also zu einer Verschiebung der Allel-Häufigkeiten beitragen. Um dies zu untersuchen, wurden alte Forschungen fortgeführt. An einer bestimmten Straße im Ort Empe wurden bereits 1915 und 1951 Schneckengehäuse für ein Museum gesammelt. Auch 2010 wurden dort Gehäuse ausgezählt [B 3 und 4].

Gen	Merkmal	Allele	Merkmal
C	Grundfarbe des Gehäuses	C^B braun	dominant über rosa und gelb
		C^P rosa	dominant über gelb
		C^Y gelb	rezessiv
B	Bänderung	B^0 ungebändert	dominant
		B^B gebändert	rezessiv

1 Vererbung der Gehäusefärbung

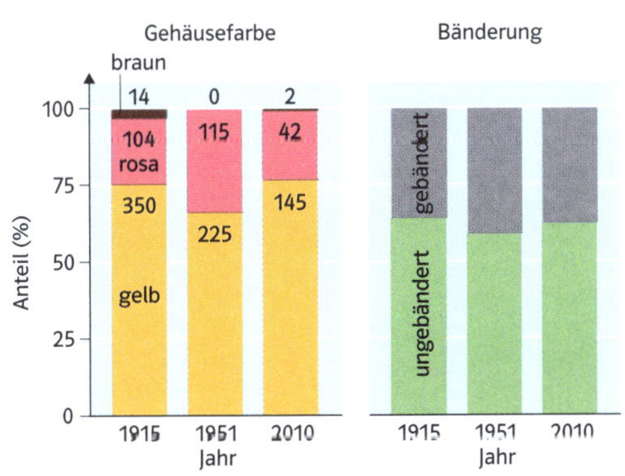

2 Entwicklung der Gehäusefärbung in Empe

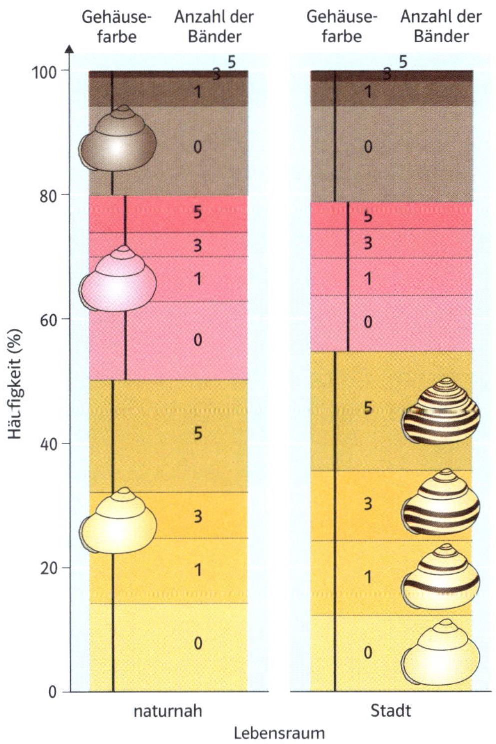

3 Varianten je nach Lebensraum (2010)

Aufgaben

10/100 ○ **1** Erklären Sie, welche Gehäusefärbung aus genetischer Sicht als häufigste zu erwarten wäre [B 1].

15/100 ○ **2** Vergleichen Sie die Befunde aus Empe [B 2] mit Ihren Erwartungen aus Aufgabe 1.

20/100 ◒ **3** Beschreiben Sie den in [B 3] erkennbaren Einfluss des Lebensraums auf die Färbungen.

35/100 ● **4** Berechnen Sie mit dem Hardy-Weinberg-Modell für 2011 die Häufigkeit heterozygoter Tiere mit gelbem Gehäuse [B 2]. Annahme: 2010 sind 40 % der Schnecken gebändert.

20/100 ◒ **5** Prüfen Sie mithilfe von [B 2], inwieweit die Entwicklung der Schneckenpopulation im Untersuchungszeitraum mit dem Hardy-Weinberg-Modell in Einklang steht.

Verwandtschaft der Kleidervögel

1 Apapane *(Himatione sanguinea)*

2 Iiwi *(Vestiaria coccinea)*

3 Akepa *(Loxops coccineus)*

Die Kleidervögel sind auf Hawaii endemische Arten [B 1–3]. Sie gehören innerhalb der Ordnung der Sperlingsvögel zur Unterfamilie der Finkenvögel. Kleidervogel-Arten unterscheiden sich zum Teil erheblich in Schnabelform und Gefiederfärbung. Sie leben auf Bäumen. Ihre Nahrung ist unterschiedlich, z. B. Insekten, Samen, Knospen, Früchte, Nektar.

In einer Studie in den 1980er-Jahren wurden die Verwandtschaftsbeziehungen der Kleidervögel untereinander und zu anderen Arten aus der Ordnung der Sperlingsvögel untersucht. Dafür wurden DNA-DNA-Hybridisierungen durchgeführt. Die DNA aus den Erythrocyten verschiedener Vögel wurde isoliert, hybridisiert und anschließend die Schmelztemperatur der Hybrid-DNA bestimmt [B 4 und 5]. Aus den Daten konnte ein relativer Stammbaum erstellt werden [B 6]. Da ein ΔT_{50}-Wert von 2,5 °C einem Evolutionszeitraum von ca. 10 Millionen Jahren entspricht, kann man der Entwicklung eine Zeitachse zuordnen.

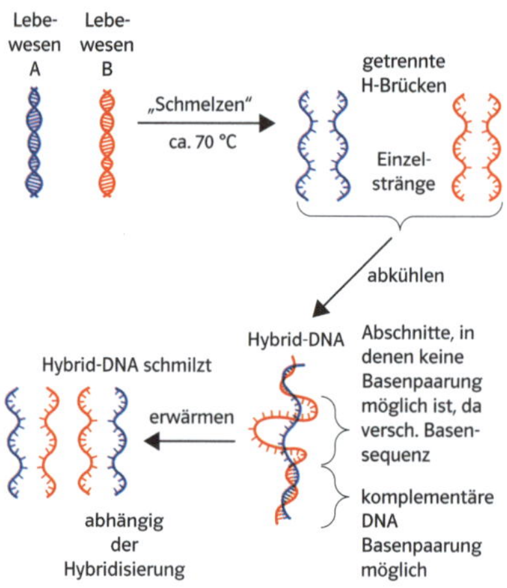

4 DNA-DNA-Hybridisierung

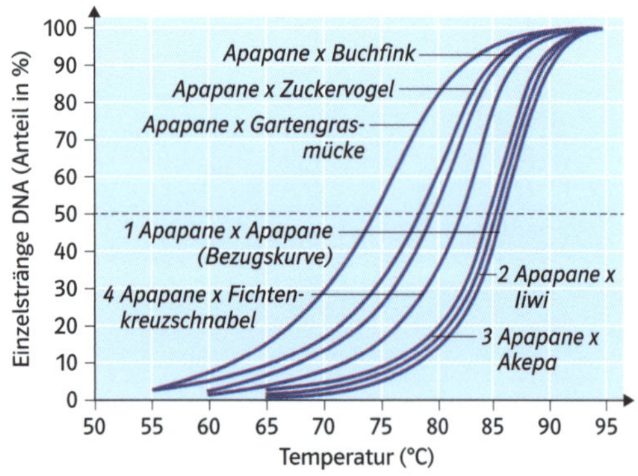

5 Schmelzkurven verschiedener Hybrid-DNA-Moleküle

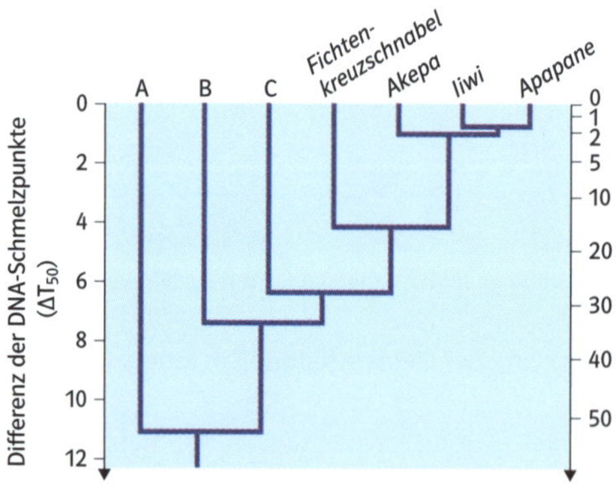

6 Relativer Stammbaum der Sperlingsvögel

Aufgaben

20/100 **1** Beschreiben Sie den Weg zur Ermittlung der Schmelzkurven bei Hybrid-DNA [B 4, 5].

30/100 **2** Erklären Sie das Zustandekommen der unterschiedlichen Schmelztemperaturen [B 5].

50/100 **3** Erläutern Sie, wie aus den Daten der Schmelztemperaturen der Hybrid-DNA-Moleküle ein Stammbaum mit Zeitbezug aufgestellt werden konnte [B 6]. Ergänzen Sie dabei die fehlenden Vogelarten im Stammbaum [B 5 und 6].

Hox-Gene und der sechste Finger des Maulwurfs

1 Europäischer Maulwurf

2 Rechte Maulwurfshand (Unterseite)

Alle Maulwurfs- und Sternmullarten leben unterirdisch grabend. Ihre Verwandten, die Spitzmulle, leben überwiegend oberirdisch. Als Angepasstheit an ihre Lebensweise ist die Handfläche der Maulwürfe zu einer Grabschaufel verbreitert [B 1 und 2]. Dies wird durch einen zusätzlichen Daumen möglich, der jedoch kein echter Finger ist. Er besteht nicht aus beweglichen Fingergliedern, sondern aus einem sichelförmigen Knochen, der aus einem Handwurzelknochen (Sesambein) entstanden ist. Dieses sogenannte Sichelbein entsteht in der Embryonalentwicklung des Maulwurfs später als die echten Finger.

Da es vor der Entstehung der fünfstrahligen Hand der Wirbeltiere Vielfingrigkeit gab, die auch heute noch sehr selten auftritt, vermuteten Forscher, dass dieses alte Entwicklungsprogramm bei der Bildung der Maulwurfshand aktiviert ist. Bestimmte Hox-Gene steuern in der Embryonalentwicklung die Arm- und Beinentwicklung. Mit molekularen Markern wurde die Genexpression dieser Hox-Gene bei einem Maulwurf sichtbar gemacht. Sie zeigt sich an der Schwärzung von Handbereichen [B 3].

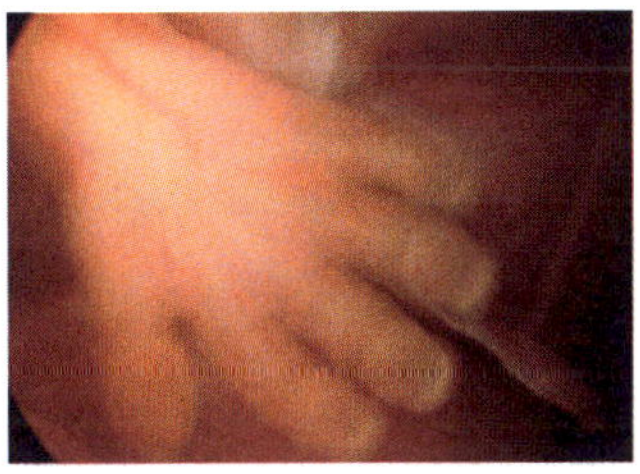

3 Genexpression (Embryohand)

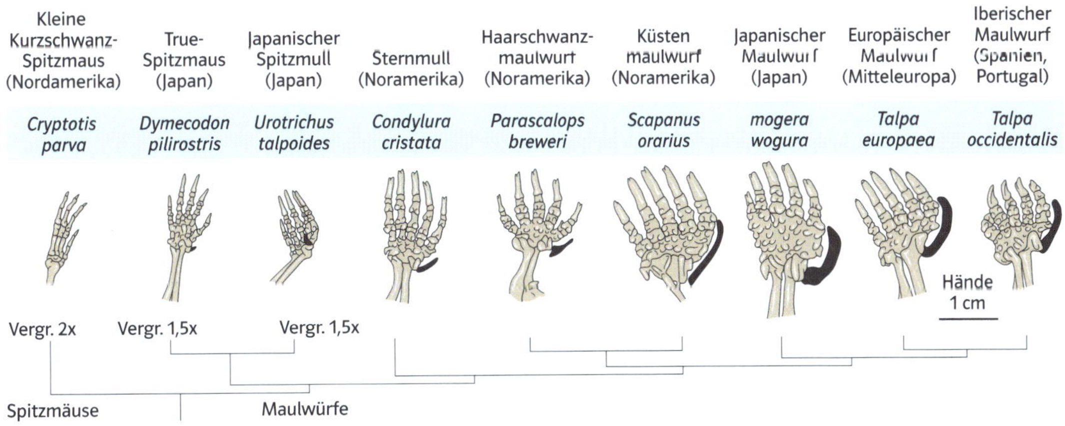

4 Sichelbeine (schwarz) verschiedener Maulwurfsarten und ihrer nahen Verwandten

Aufgaben

25/100 ◒ **1** Beschreiben Sie das Vorkommen von Sichelbeinen bei den Maulwürfen und ihren Verwandten [B 4].

25/100 ◒ **2** Erläutern Sie die Bedeutung der Hox-Gene für die Bildung des Sichelbeins [B 3].

50/100 ● **3** Erstellen Sie eine Hypothese zur evolutiven Entstehung der Sichelbeine in der Famile der Maulwürfe.

Der Wombat – das Murmeltier Australiens

Vor ca. 70 Millionen Jahren wurde Australien durch die Kontinentaldrift von den anderen Kontinenten getrennt. Die Evolution der dort vorkommenden Beuteltiere verlief isoliert ohne Anwesenheit von Plazentatieren.

1 Waldmurmeltier *(Marmota monax)*

2 Nacktnasenwombat *(Vombatus ursinus)*

	Waldmurmeltier	Nacktnasenwombat
Allgemeines	Säugetierart aus der Gattung Murmeltiere, Flachlandbewohner an Waldrändern Nordamerikas, wird ca. 60 cm lang und 6 kg schwer, ist tagaktiv.	Vertreter der Familie der Wombats, der Plumpbeutler, kommt im Süden Australiens vor, wird ca. 1,20 m groß und bis 40 kg schwer, ist überwiegend dämmerungs- und nachtaktiv.
Verhalten	Sie graben unterirdische Höhlen, in denen sie schlafen, die Jungen aufziehen und Winterschlaf halten. Zum Graben benutzen sie hauptsächlich die Füße. Ihr Vorderfuß hat vier kräftige Zehen mit Krallen, der erste Zeh ist reduziert, der Hinterfuß hat fünf Zehen. Auch die Nagezähne werden beim Graben eingesetzt.	Sie graben unterirdische Höhlen und Gangsysteme, in denen sie tagsüber ruhen. Zum Graben nutzen sie sowohl ihre Nagezähne als auch ihre breitsohligen Füße, die am Vorderfuß mit fünf kräftigen Zehen und Krallen, am Hinterfuß mit vier Zehen und Krallen versehen sind.
Nahrung	Wurzeln und diverses Pflanzenmaterial, selten Insekten und Larven	Gräser und krautige Pflanzen, seltener Wurzeln
Gebiss (je Kieferhälfte)	1 Schneidezahn (Nagezahn), kein Eckzahn, 2 Vorbackenzähne, 3 Backenzähne	1 Schneidezahn (Nagezahn), kein Eckzahn, 1 Vorbackenzahn, 4 Backenzähne

3 Vergleich von Murmeltier und Wombat

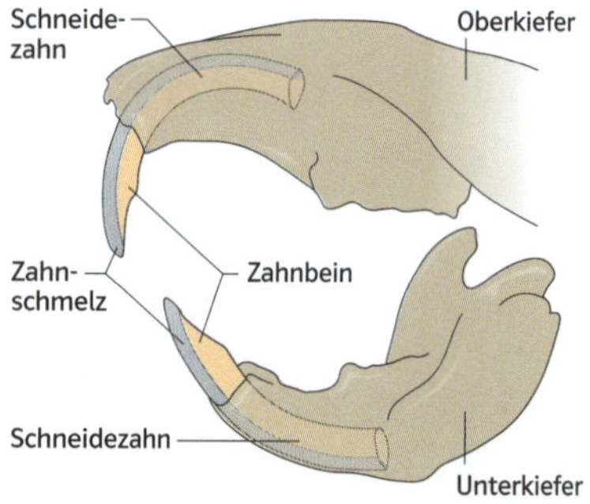

4 Nagezähne bei Murmeltier und Wombat

Murmeltiere und Wombats weisen im Gebisstyp deutliche Übereinstimmungen auf. Beide haben tief im Kieferknochen sitzende Schneidezähne, die aufgrund ihrer offenen Zahnwurzel ein Dauerwachstum zeigen. Die Zahnkrone ist auf der Vorderseite der Schneidezähne dick mit hartem Zahnschmelz überzogen, auf der Rückseite liegt das weichere Zahnbein frei. Durch Abnutzung kommt es daher zu einer immer gleich hohen, scharfen Abschliffkante. Solche Schneidezähne bezeichnet man als Nagezähne.

Aufgaben

25/100 ◒ **1** Beschreiben Sie die Ähnlichkeiten von Waldmurmeltier und Nacktnasenwombat [B 3 und 4].

75/100 ● **2** Erläutern Sie die Entstehung der Ähnlichkeit von Murmeltier und Wombat [B 3 und 4].

Chamäleongattungen im Vergleich

Es gibt etwa 200 verschiedene Chamäleonarten, die 12 verschiedenen Gattungen zugeordnet werden. Chamäleons leben hauptsächlich auf dem afrikanischen Kontinent, aber auch auf der arabischen Halbinsel bis in den Mittelmeerraum.

Gattung	Trioceros	Brookesia	Rhampholeon
Typische Vertreter	 *Trioceros jacksonii*	 *Brookesia confidens*	 *Rhampholeon spectrum*
Körperlänge	15–60 cm	3–11 cm	6–13 cm
Farbe/Form	teilweise auffällig gefärbt, ähnelt Astwerk	ähnelt Holz oder Laub	ähnelt Holz oder Laub
Körperanhänge	oft ausgeprägte Körperanhänge: Kopfschuppen, gezackte Kämme, Hörner	wenige	bei einigen Arten Fortsätze an den Schnauzen und hornartige Kopfschuppen
Schwanz	zum Klettern geeigneter Greifschwanz	kurz, zum Klettern wenig geeignet	kurz, nicht zum Klettern geeignet

1 Drei verschiedene Chamäleongattungen im Vergleich

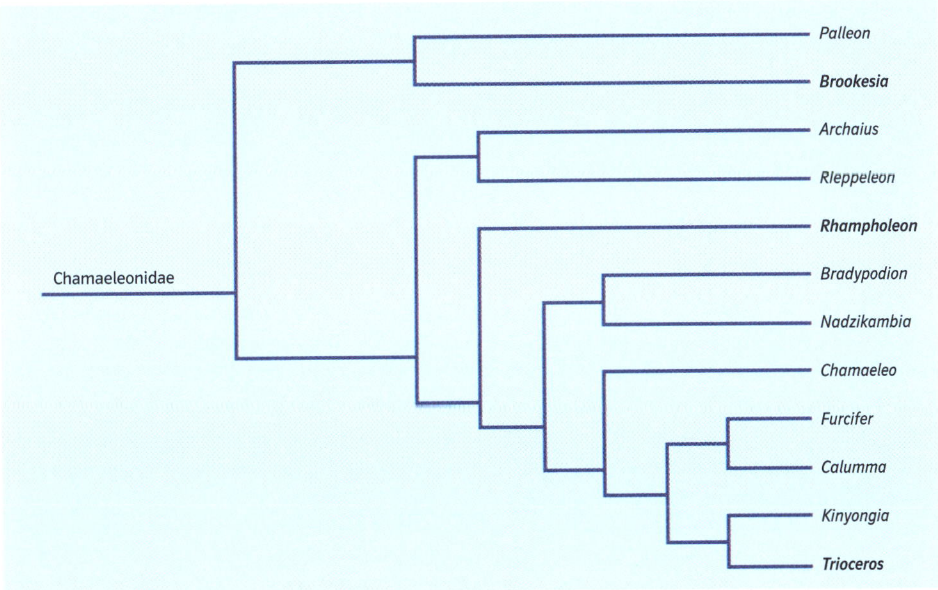

2 Systematik der Chamäleongattungen nach genetischen Untersuchungen

Aufgaben

20/100 ◒ **1** Stellen Sie eine Hypothese über die Verwandtschaft der drei Chamäleongattungen untereinander auf, basierend auf den morphologischen Befunden aus [B 1].

40/100 ● **2** Überprüfen Sie Ihre Hypothese mit den Ergebnissen der genetischen Untersuchungen [B 2].

40/100 ● **3** Erklären Sie, weshalb bei der Erstellung von Kladogrammen die Bildung polyphyletischer Gruppen zu vermeiden ist.

Der Tasmanische Teufel – Rettung in letzter Sekunde?

1 Tasmanischer Teufel

Der Tasmanische Teufel *(Sarcophilus harrisii)* ist ein etwa waschbärengroßes Raubtier, das auf der australischen Insel Tasmanien beheimatet ist. In den letzten Jahren ist die Populationsgröße drastisch zurückgegangen. Heute leben nur noch etwa 20000 Tiere in freier Wildbahn. Das entspricht in einigen Gegenden einem Rückgang von ca. 80%. Ursache ist eine hochansteckende Erkrankung, die dazu führt, dass den Tieren große Tumore im Gesicht wachsen, die sogenannte Devil Facial Tumor Disease (DFTD). Die Erkrankung wird bei direktem Kontakt zwischen zwei Tieren übertragen, z.B. bei Kämpfen, der Paarung oder gemeinsamer Nahrungsaufnahme. Sie verläuft tödlich. Sollte sie sich weiter so schnell ausbreiten wie bislang, geht man davon aus, dass der Tasmanische Teufel im Laufe des 21. Jahrhunderts aussterben wird. Um das zu verhindern, widmen sich zahlreiche internationale Forscherteams der Rettung dieser Art. Dabei spielen auch molekulargenetische Untersuchungen eine wichtige Rolle.

Bei der DNA-Microarray-Technik werden sogenannte DNA-Chips verwendet. DNA-Chips bestehen aus einer ca. 1 cm^2 großen Glasplatte, die in Tausende Felder eingeteilt ist. Ein Feld ist dabei nur halb so breit wie ein menschliches Haar. An der Oberfläche jedes dieser Felder werden Millionen Kopien einer spezifischen DNA-Sequenz (einzelsträngig) angeheftet. Man nennt diese angehefteten DNA-Sequenzen auch DNA-Sonden. Sie sind etwa 20 Nucleotide lang. Um einen DNA-Microarray durchzuführen, wird aus der zu untersuchenden Substanz zunächst einzelsträngige DNA isoliert und vervielfältigt. Diese einzelsträngige DNA wird dann mit einem fluoreszierenden Farbstoff markiert und auf den DNA-Chip gegeben. Der Chip wird im Anschluss gewaschen und mit UV-Licht bestrahlt. In einem Computer ist abgespeichert, auf welchem Feld des Chips welche DNA-Sequenz angeheftet ist.

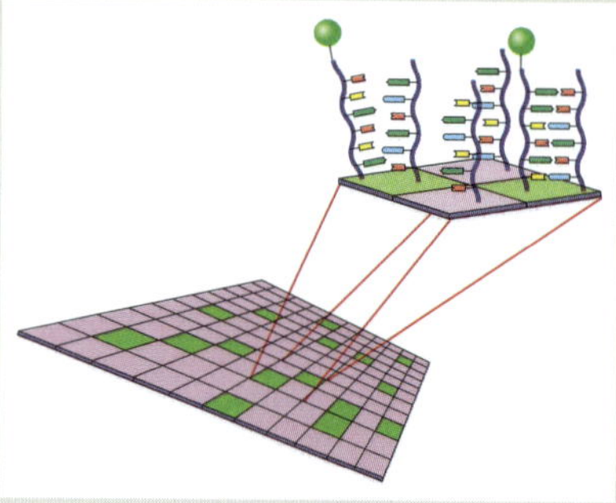

2 Prinzip des DNA-Mikroarrays

Eine wichtige Rolle bei der Erhaltung des Tasmanischen Teufels spielt der Aufbau einer gesunden Population aus bereits vorhandenen Zootieren und Wildfängen in Gefangenschaft, einer sogenannten „Ersatzpopulation". Jungtiere aus dieser Ersatzpopulation können, wenn die Art in freier Wildbahn vollständig ausstirbt, wieder ausgewildert werden. Bislang umfasst die Ersatzpopulation ca. 700 Individuen, die in verschiedenen Zoos untergebracht sind. Wissenschaftliche Untersuchungen haben gezeigt, dass für die Tumorerkrankung eine genetische Prädisposition besteht, dass also manche Tiere leichter erkranken als andere.

3 Maßnahmen zum Schutz des Tasmanischen Teufels

Aufgaben

10/100 ○ **1** Nennen Sie mögliche Probleme bei der Nachzucht einer Population in Gefangenschaft.

25/100 ◒ **2** Erläutern Sie mithilfe von [B 2], wie man mithilfe des DNA-Microarrays das Vorhandensein bestimmter Gene oder Genabschnitte bei einem Individuum testen kann.

65/100 ● **3** Stellen Sie dar, wie die Anwendung des DNA-Microarray-Verfahrens [B 2] einen wesentlichen Beitrag zur Erhaltung des Tasmanischen Teufels [B 3] leisten kann.

Parasiten lassen Verwandtschaften erkennen

Die meisten Parasiten sind so spezifisch an ihre Wirte angepasst, dass sie nur bestimmte Wirtsarten befallen können. In Ausnahmefällen können Parasiten auch mehrere Arten nutzen und sogar dauerhaft auf andere Wirte wechseln. Man nimmt beispielweise an, dass der Filzlaus im Verlauf ihrer Evolution dauerhaft der Wechsel von einem anderen Wirt auf den Menschen gelungen ist. Läuse gehören zu den Insekten. Sie ernähren sich vom Blut ihrer Wirte.

Verändern sich Wirte im Laufe der Evolution, verändern sich damit auch die Lebensbedingungen der Parasiten. Es entwickeln sich bei ihnen teilweise neue Angepasstheiten. Die stammesgeschichtlichen Entwicklungen der Parasiten und ihrer Wirte verlaufen daher weitgehend parallel.

Laus-Art	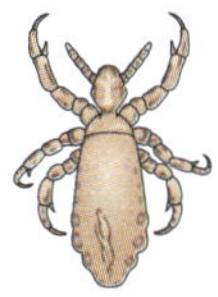 *Pediculus schaeffi*	 *Pediculus humanus* (Kopflaus)	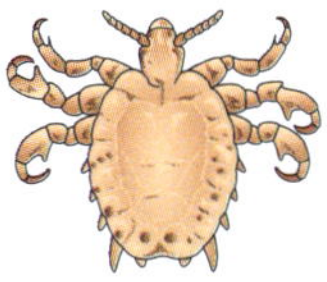 *Pthirus pubis* (Filzlaus)	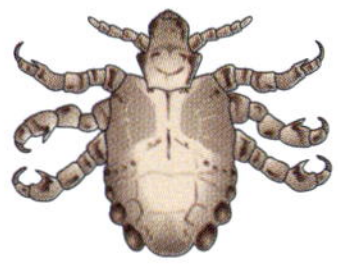 *Pthirus gorillae*	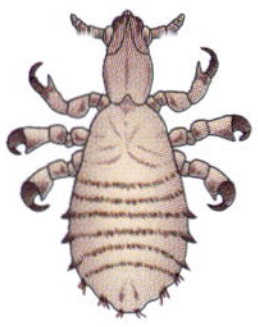 *Pedicinus hamadryas*
Wirte	Schimpansen	Mensch	Mensch	Gorilla	Pavian

1 Übersicht über verschiedene Läuse

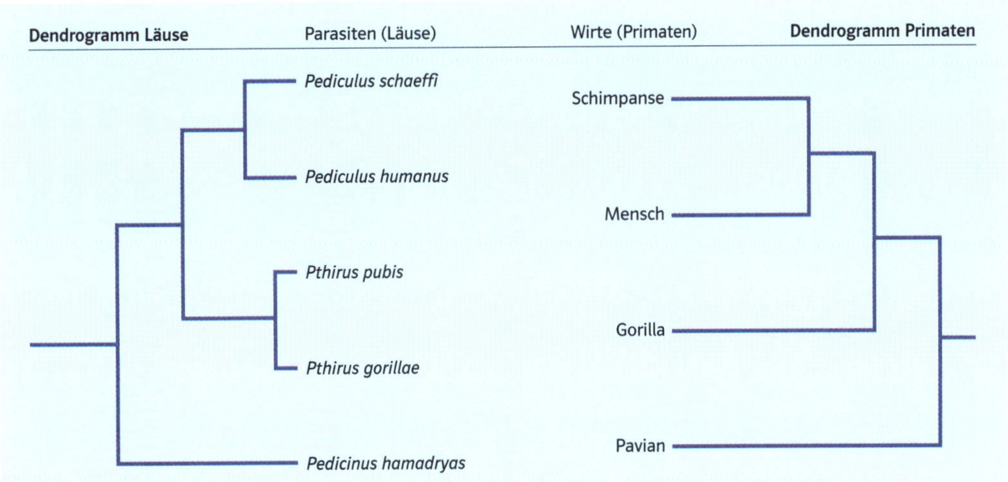

2 Auszüge aus den Stammbäumen der Läuse und der Primaten nach genetischen Untersuchungen

Aufgaben

15/100 ○ **1** Zeichnen Sie in [B 2] ein, welche Läuse die verschiedenen Wirte parasitieren.

35/100 ● **2** Vergleichen Sie die Stammbäume von Parasit und Wirt [B 2].

25/100 ◒ **3** Ermitteln Sie, von welchem Wirt aus der Wechsel der Filzlaus auf den Menschen erfolgt ist [B 2].

25/100 ◒ **4** Beurteilen Sie die Möglichkeit, Aussagen über die stammesgeschichtliche Entwicklung von Lebewesen aus einem Vergleich mit der stammesgeschichtlichen Entwicklung ihrer Parasiten abzuleiten.

Hoatzin – ein reptilienartiger Vogel

Der hühnergroße Hoatzin (*Opisthocomus hoazin*) [B 1] lebt an den Ufern von Flüssen und Seen im Amazonas- und Orinoco-Gebiet Südamerikas. Der Vogel ist ein Pflanzenfresser. Hoatzine sind schlechte Flieger, aber gute Gleiter. Sie leben in Gruppen und bauen ihre Nester über dem Wasser. Wenn Hoatzin-Küken ins Wasser fallen, können diese ans Land schwimmen und im Vierfüßlergang mithilfe ihrer Flügelkrallen an einem Baum hinauf ins Geäst klettern [B 2]. Die adulten Vögel besitzen solche Krallen nicht [B 3 und 4].

1 Hoatzin

2 Hoatzin-Küken

Die systematische Einordnung der Hoatzine ist wissenschaftlich umstritten. Nach genetischen Untersuchungen sind die Hoatzine nah mit den krallenlosen afrikanischen Turakos aus der Ordnung der Kuckucksvögel verwandt. Früher wurden die Hoatzine als Bindeglied zwischen Archaeopteryx [B 5] und den modernen Vögeln eingestuft. Heute ist man sich sicher, dass die Bildung der Flügelkrallen eine sekundäre Angepasstheit an den Lebensraum darstellt.

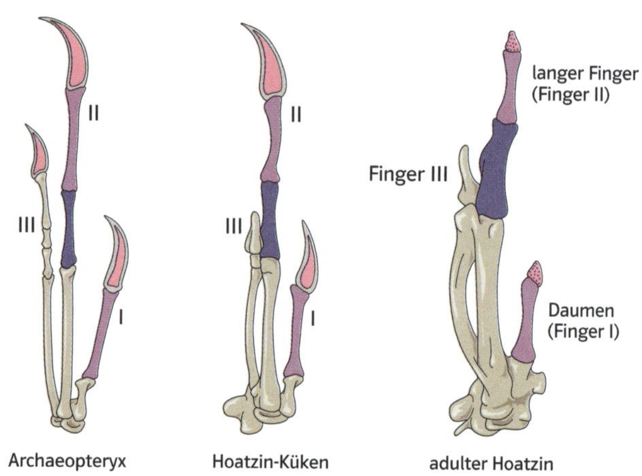

3 Vergleich der Handskelette (nicht im gleichen Maßstab)

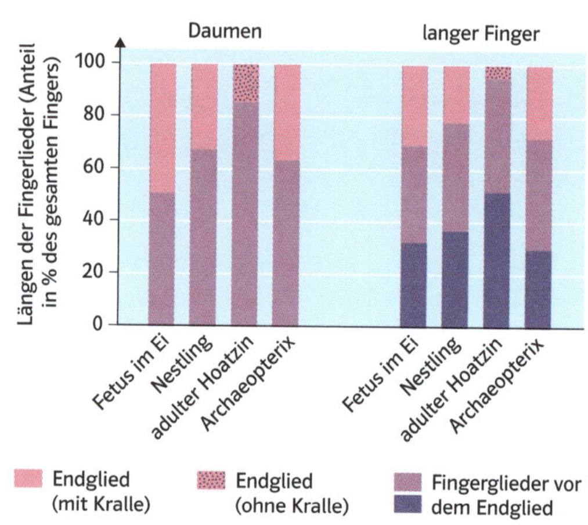

4 Entwicklung der Krallen des Hoatzins

Aufgaben

20/100 ○ **1** Beschreiben Sie Merkmale des Hoatzins, die denen des Archaeopteryx ähneln [B 3–5].

20/100 ○ **2** Erklären Sie die Begriffe „lebendes Fossil" und „Biogenetische Grundregel".

25/100 ◒ **3** Prüfen Sie, ob der Hoatzin ein lebendes Fossil darstellt.

35/100 ● **4** Stellen Sie eine Hypothese dazu auf, wie die Flügelkrallen beim Hoatzin in der Evolution entstanden sein könnten.

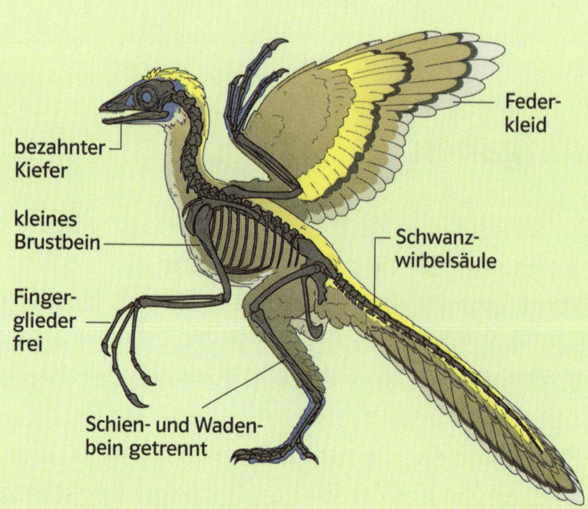

5 Skelett des Archaeopteryx

Homologe Insulinmoleküle – Zeichen der Verwandtschaft?

Insulin findet sich in allen Wirbeltieren. Immer fördert es die Glucoseaufnahme aus dem Blut in die Zellen. Bereiche des primären Produkts Präproinsulin bestehen aus dem Signalpeptid, der A- und B-Kette des späteren aktiven Insulins und der C-Kette, die beide Ketten verbindet. Sie hat variable Bereiche und bringt die A- und die B-Kette in die richtige Position zur Ausbildung der Disulfidbrücken. Dann wird sie enzymatisch entfernt [B 1 und 2]. Das Signalpeptid ermöglicht den zielgerichteten Transport innerhalb der Bildungszelle. Es enthält variabel aufgebaute Bereiche, und hydrophobe Aminosäurereste im Zentrum und bestimmte Aminosäurereste am N-Ende sowie vor der Spaltstelle.

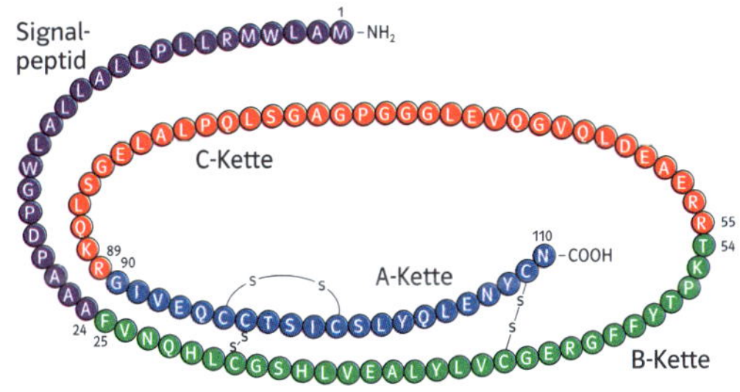

1 Primärstruktur des Präproinsulins des Menschen

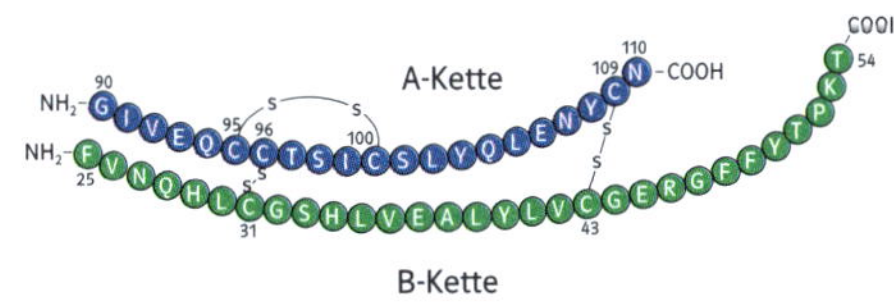

2 Primärstruktur des aktiven Insulins des Menschen

Aminosäuresequenz des Signalpeptids:

	1 10 20 24
Schimpanse	MALWMRLLPLLVLLALWGPDPASA
Mensch	MALWMRLLPLLALLALWGPDPAAA
Schwein	MALWTRLLPLLALLALWAPAPAQA
Rind	MALWTRLRPLLALLALWPP.PARA

Aminosäuresequenz der B-Kette:

	25 30 40 50 54
Schimpanse	FVNQHLCGSHLVEALYLVCGERGFFYTPKT
Mensch	FVNQHLCGSHLVEALYLVCGERGFFYTPKT
Schwein	FVNQHLCGSHLVEALYLVCGERGFFYTPKA
Rind	FVNQHLCGSHLVEALYLVCGERGFFYTPKA

Aminosäuresequenz der C-Kette:

	55 60 70 80 89
Schimpanse	RREAEDLQVGQVELGGGPGAGSLQPLALEGSLQKR
Mensch	RREAEDLQVGQVELGGGPGAGSLQPLALEGSLQKR
Schwein	RREAENPQAGAVELGGGLG.G.LQALALEGPPQKR
Rind	RREVEGPQVGALELAGGPGAGGL.....EGPPQKR

Aminosäuresequenz der C-Kette:

	90 100 110
Schimpanse	GIVEQCCTSICSLYQLENYCN
Mensch	GIVEQCCTSICSLYQLENYCN
Schwein	GIVEQCCTSICSLYQLENYCN
Rind	GIVEQCCASVCSLYQLENYCN

3 Aminosäuresequenzen von Präproinsulin bei verschiedenen Arten

Aminosäure	Buchstabe	Aminosäure	Buchstabe	Aminosäure	Buchstabe	Aminosäure	Buchstabe
Alanin	A	Glutamin	Q	Leucin	L	Serin	S
Arginin	R	Glutaminsäure	E	Lysin	K	Threonin	T
Asparagin	N	Glycin	G	Methionin	M	Tryptophan	W
Asparaginsäure	D	Histidin	H	Phenylalanin	F	Tyrosin	Y
Cystein	C	Isoleucin	I	Prolin	P	Valin	V

4 Benennung der Aminosäuren

Aufgaben

10/100 ○ **1** Definieren Sie den Begriff Homologie, auch in Bezug auf Proteinvergleiche.

15/100 ○ **2** Markieren Sie in [B 3] die Aminosäureunterschiede und notieren Sie deren Anzahlen entsprechend [B 5].

75/100 ● **3** Werten Sie die Ergebnisse für eine Verwandtschaft dieser Tierarten aus und diskutieren Sie die Aussagekraft des Vergleichs.

Aminosäureunterschiede in ___ Kette	Schimpanse	Mensch	Schwein	Rind
Schimpanse				
Mensch	?			
Schwein	?	?		
Rind	?	?	?	

5 Schema

Die Herkunft des Europäischen Wisents

1 Europäischer Wisent

2 Höhlenzeichnungen: Steppenbison (li), Wisent (re)

In den in prähistorischer Zeit bewohnten Höhlen in Südfrankreich und Spanien zeichneten Frühmenschen neben Löwen, Pferden und Hirschen auch Bisons. Interessanterweise sind Darstellungen von Bisons mit langen Hörnern und massivem Vorderkörper in Höhlen mit älteren Zeichnungen zu finden (22 000–18 000 Jahre alt). Dagegen befinden sich in Höhlen mit jüngeren Zeichnungen (17 000–12 000 Jahre alt) Bilder von Tieren mit kürzeren Hörnern und weniger stark ausgebildetem Nacken [B 2 rechts]. Forscher wissen, dass bis zum Ende der letzten Eiszeit vor 11 700 Jahren in Europa der Steppenbison *(Bison priscus)* lebte und dann ausstarb. Er ist der Vorfahr des Amerikanischen Bisons *(Bison bison)*. Der Steppenbison wurde in Europa durch den Europäischen Wisent *(Bison bonasus)* verdrängt [B 1 und 2).

Forscher versuchten, die Herkunft dieses Europäischen Wisents zu ermitteln. Dafür analysierten sie die DNA aus fossilen Bisonknochen aus dem damaligen europäischen Verbreitungsgebiet und verglichen diese Daten sowohl mit denen des Europäischen Wisents und des Steppenbisons als auch mit der DNA von Auerochsen *(Bos primigenius)*. Dabei stellten sie fest, dass die mt-DNA des Europäischen Wisents der des Europäischen Auerochsens sehr ähnelt. Der Vergleich der chromosomalen DNA ergab dagegen, dass das Y-Chromosom des Europäischen Wisents dem des Steppenbisons entspricht. Insgesamt enthält das Genom des heutigen Europäischen Wisents noch ca. zehn Prozent Erbmaterial, dass auch bei den Auerochsen vorkam, und 90 Prozent von Steppenbisons. Aus all diesen Befunden schlossen die Wissenschaftler, dass zur Entstehungszeit der Höhlenmalereien möglicherweise bereits mehrfach Hybride von Steppenbisons und Auerochsen entstanden waren [B 3].

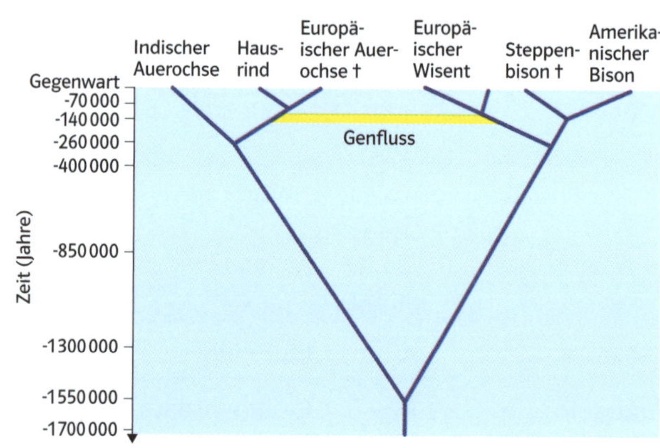

3 Möglicher Stammbaum zur Entwicklung des Europäischen Wisents

Aufgaben

25/100 **1** Beschreiben Sie die Entstehung des Europäischen Wisents anhand des Stammbaums in [B 3].

50/100 **2** Erklären Sie, welche Paarungskombination zu Hybriden führte, die zu den Vorfahren des heutigen Europäischen Wisents gehörten.

25/100 **3** Stellen Sie eine Hypothese auf, die die Verdrängung des Steppenbisons durch den Europäischen Wisent erklärt.

Grünlaubsänger – eine Ringart

1 Westlicher Grünlaubsänger

Der Grünlaubsänger (Phylloscopus trochiloides, kurz: P.t.) ist ein kleiner Singvogel, der zu den Laubsängern gehört [B 1]. Sein Verbreitungsgebiet reicht vom östlichen Mitteleuropa über das zentralasiatische Hochgebirge bis zum Pazifik. Er lebt in Misch- und Nadelwäldern. Das Männchen markiert und verteidigt mit seinem Gesang ein Territorium (Revier) und lockt in der Balzzeit Weibchen an. Sein Gesang besteht aus mehreren Blöcken (Strophen), z. B. ⊢— A —⊣, die sich wiederholende Silben enthalten. In Sonagrammen sind Länge der Blöcke und Silben auf der x-Achse und Frequenzen auf der y-Achse abzulesen [B 2, hier wegen der Übersichtlichkeit ohne Achsenangabe].

Die Grünlaubsänger werden aufgrund morphologischer Unterschiede in fünf verschiedene Unterarten aufgeteilt [B 2]. Man nimmt an, dass die Ausbreitung der Ursprungspopulation der Grünlaubsänger südlich des Tibetischen Hochlands (⑤) begann. Im gemeinsamen Verbreitungsgebiet von P.t. viridanus und P.t. plumbeitarsus findet man keine Mischlinge [Hybride, B 2]. Zur Erklärung wurden sowohl die Gesänge [B 2] als auch charakteristische Allele der Tiere [B 3] verglichen.

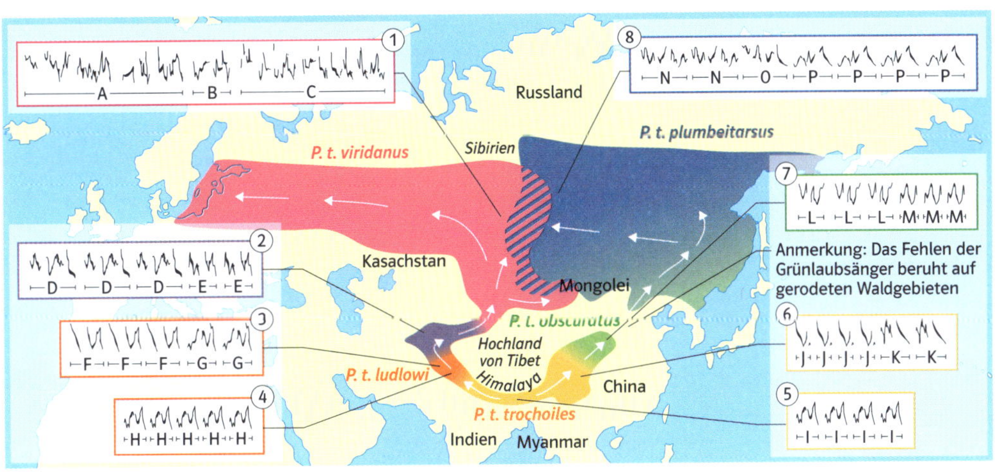

2 Verbreitung der Unterarten der Grünlaubsänger und ihre Gesänge

Aufgaben

20/100 ◒ **1** Erklären Sie den Begriff „Ringart".

20/100 ◒ **2** Beschreiben Sie die Verbreitung der Grünlaubsänger [B 2].

60/100 ● **3** Erläutern Sie die Entstehung der Ringart Grünlaubsänger unter besonderer Berücksichtigung der Gesänge mithilfe von [B 2 und 3].

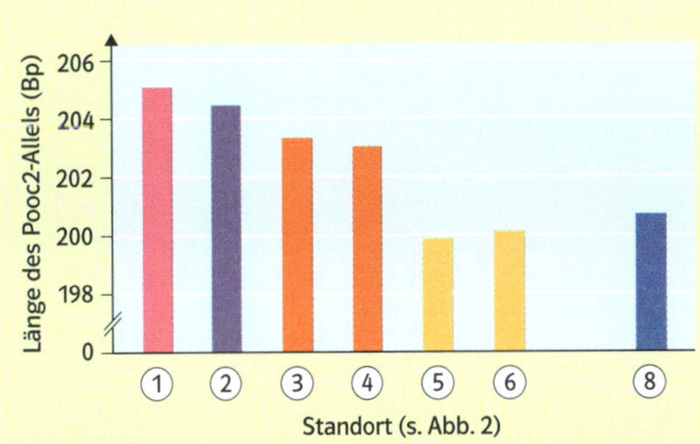

3 Molekulargenetischer Vergleich

Das Erbe der Ursäuger

Die ersten Säugetiere existierten bereits während des Dinosaurier-Zeitalters, dem Mesozoikum, vor 252–66 Millionen Jahren. Nach jüngsten Fossilienfunden waren jene Ursäuger etwa maus- bis rattengroß und es gab bereits an verschiedene Lebensräume angepasste Arten. Die Fossilien zeigen auch, dass die meisten Ursäuger Insektenfresser waren. Dies ist an ihren Zähnen zu erkennen, die wie bei den heutigen insektenfressenden Säugetieren sehr klein und spitz waren. Später entstandene Arten besaßen größere Zähne, die zum Zerkleinern von Pflanzenmaterial oder zum Schneiden von Fleisch eingesetzt wurden.

Ein Forscherteam stellte die Hypothese auf, dass eine adaptive Radiation bezüglich der Ernährung auftrat. Die Entwicklung pflanzen- bzw. fleischfressender Säugetiere nach dem Aussterben der Dinosaurier wäre durch freie ökologische Planstellen begünstigt worden. In der 2018 vorgestellten Studie verglichen die Forscher die Genome verschiedener Säugetierarten. Dabei stellten sie fest, dass es bei den Ursäugern fünf Gene für Chitinase (CHIA1 bis CHIA5) gab, ein Enzym, das beim Abbau von Chitin des Exoskeletts der Insekten, Spinnen und Krebstiere wirkt. Viele Säuger besitzen noch funktionsfähige CHIA-Gene und haben Insekten in ihrem Nahrungsspektrum. Andere CHIA-Gene sind zu CHIA-Pseudogenen geworden, d.h. die Gene sind zwar noch vorhanden, aber inaktiviert worden. Der Stammbaum der CHIA-Gene bei Säugern wurde wegen der Übersichtlichkeit auf drei Tiergruppen reduziert [B 1].

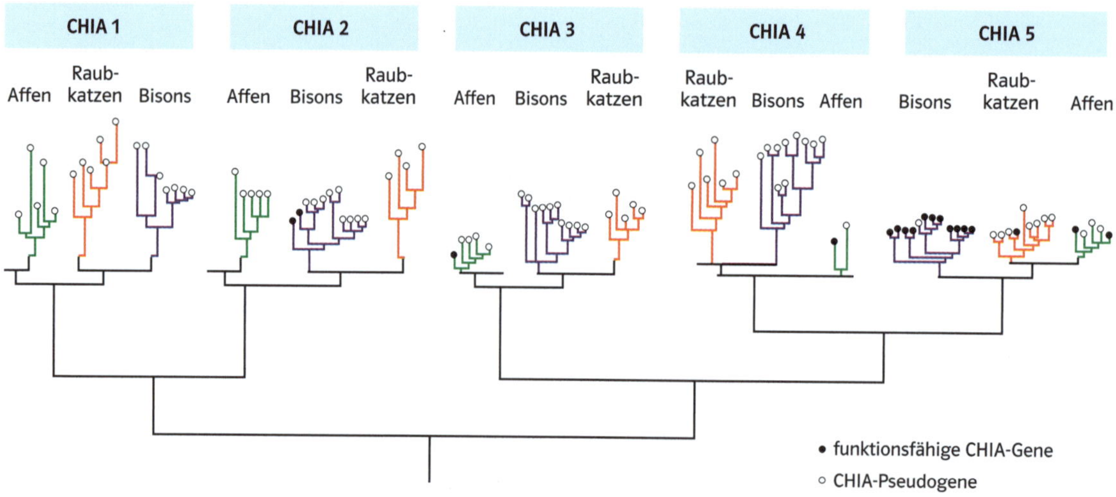

1 Stammbaum der CHIA-Gene bei ausgewählten Säugetiergruppen

Aufgaben

30/100 ◒ **1** Beschreiben Sie den Aufbau des CHIA-Stammbaums bei Säugetieren [B 1].

30/100 ◒ **2** Werten Sie den CHIA-Stammbaum für die Affen, Bisons und Raubkatzen aus [B 1].

40/100 ● **3** Erläutern Sie eine mögliche Entstehung der pflanzen- und fleischfressenden Säuger, die Chitin nicht als Nahrung verwerten können.

Lemuren – Waldgeister auf Madagaskar

Die Lemuren *(Lemuroidea)* gehören wie der Mensch zur Ordnung der Primaten. Aufgrund ihrer großen Augen und ihrer überwiegenden Nachtaktivität wurden sie früher auch als Waldgeister bezeichnet. Wissenschaftler gehen heute davon aus, dass etwa 100 Arten existieren. Lemuren leben ausschließlich auf Madagaskar, einer großen Insel im Indischen Ozean. Vor etwa 150 Millionen Jahren trennte sich die Landmasse Madagaskars vom afrikanischen Festland und vor etwa 90 Millionen Jahren vom indischen Subkontinent.

1 Katta *(Lemur catta)*

Im Laufe der Jahre wurden zahlreiche Abstammungstheorien aufgestellt und wieder verworfen. Neben der Erforschung der Evolution der Lemuren steht heute deren Schutz im Vordergrund, denn ihr Bestand ist durch Bejagung und Lebensraumzerstörung stark bedroht. Zur Klärung der Verwandtschaftsbeziehungen dienen heute meist moderne molekularbiologische Verfahren. Um Unterschiede in der DNA sichtbar zu machen, nutzt man zum Beispiel die Gel-Elektrophorese.

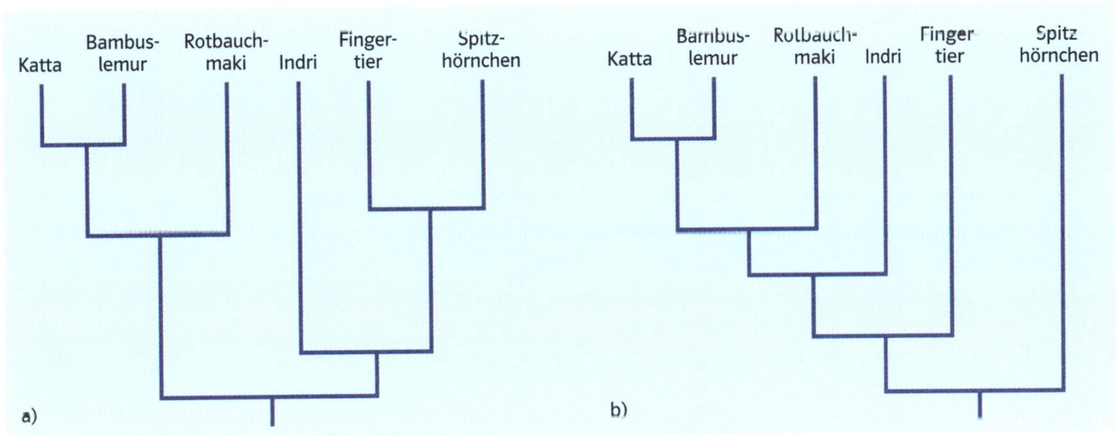

2 Stammbaumvarianten für verschiedene Lemurenarten sowie das Spitzhörnchen

	Indri	Rotbauchmaki	Katta	Bambuslemur	Spitzhörnchen
Rotbauchmaki	52				
Katta	54	36			
Bambuslemur	54	48	34		
Spitzhörnchen	66	75	71	83	
Fingertier	66	63	68	62	74

3 Unterschiede in einem Abschnitt der mitochondrialen DNA bei Lemurenarten sowie dem Spitzhörnchen

Aufgaben

20/100 ○ **1** Erläutern Sie das Verfahren der Gel-Elektrophorese.

30/100 ◒ **2** Beschreiben Sie die Verwandtschaftsbeziehungen, die in den Stammbäumen in [B 2] unterstellt werden.

50/100 ● **3** Prüfen Sie für jeden der beiden Stammbaumvarianten in [B 2], inwieweit die dort dargestellten Verwandtschaftsbeziehungen im Einklang mit den genetischen Unterschieden aus [B 3] stehen.

Kooperative Verteidigung bei Zieseln

Belding-Ziesel leben in bergigen Regionen im Westen der USA. Nach der Paarung mit mehreren Männchen graben die Weibchen im Frühjahr Wurfkammern und bringen durchschnittlich fünf Junge zur Welt. Diese können unterschiedliche Väter haben. Die Jungen werden etwa einen Monat lang gesäugt. Kurze Zeit später wandern die männlichen Tiere ab und versuchen, sich Reviere in anderen Gebieten zu erkämpfen. Die weiblichen Nachkommen bleiben meist in der Nähe ihrer Mütter und bekommen dort im folgenden Jahr in eigenen Wurfkammern selbst Nachwuchs.

1 Belding-Ziesel

Tauchen Raubtiere in der Nähe der Bauten auf, stoßen meist einzelne Ziesel Warnrufe aus. Daraufhin ergreifen alle Artgenossen in Hörweite die Flucht. Beobachtungen zeigten, dass die warnenden Ziesel ein erhöhtes Risiko haben, durch die Raubtiere getötet zu werden. Unter diesen Umständen ist es erstaunlich, dass es Tiere gibt, die Warnrufe ausstoßen. Verhaltensweisen, die die reproduktive Fitness herabsetzen, sollten sich evolutionär eigentlich nicht durchsetzen.

	Anteil Warnrufe ausstoßender Tiere bei Raubtiersichtung (%)
Männchen	18
Weibchen mit Verwandten (Töchter, Enkelinnen, Mütter, Schwestern)	39
Weibchen ohne Verwandte	18

2 Anteil der Ziesel, die einen Alarmruf ausstießen

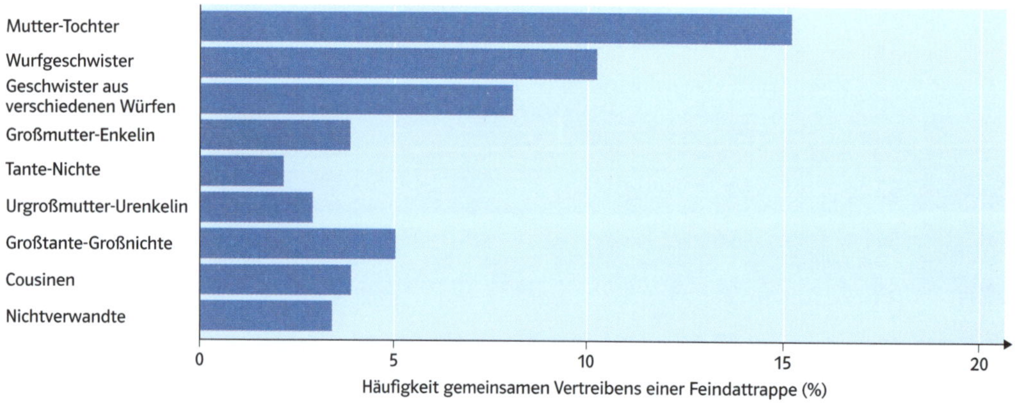

3 Selektive Kooperation bei der Verteidigung eines Territoriums

Aufgaben

25/100 ◒ **1** Erläutern Sie die in [B 2] genannten Untersuchungsergebnisse.

50/100 ● **2** Werten Sie die Ergebnisse in [B 3] zum kooperativen Verteidigen des Territoriums unter Beachtung der Gesamtfitness aus.

25/100 ◒ **3** Beurteilen Sie die Aussage, Warnrufe würden die reproduktive Fitness der Warnenden herabsetzen.

Altruismus bei Bienenfressern

Die Weißstirnspints *(Merops bullockoides)* kommen in der Südhälfte Afrikas vor. Sie gehören zur Familie der Bienenfresser. Sie sind gute Flieger und fangen im Flug Bienen, Wespen, Schmetterlinge und Libellen. Wehrhafte Insekten werden auf einer Unterlage getötet und so bearbeitet, dass sich ihre Giftdrüse entleert. Dann wird die Beute gefressen oder an die Jungtiere verfüttert. Die Vögel brüten in Kolonien von ca. 200 Tieren in Steilhängen an Ufern von Flüssen und Seen [B 1]. Sie graben in die Steilwände ca. 1 m lange Röhren, die in eine Brutkammer münden, in der bis zu fünf Eier ausgebrütet werden. Die Kolonien bestehen aus Sippen, deren Mitglieder bei Brut und Fütterung der Nestlinge kooperieren. Die Tiere werden etwa fünf Jahre alt.

1 Brutkolonie von Weißstirnspints

Wissenschaftler untersuchten in den 1980er-Jahren das Brutpflegeverhalten von Weißstirnspints in Kenia. Über mehrere Jahre markierten sie die Nestlinge einer Sippe, um so die Verwandtschaftsverhältnisse der Helfer bestimmen zu können. Sie beobachteten, dass 50 % der Bruten durch ein bis zwei Helfer, überwiegend Männchen, unterstützt wurden. Die Helfer fütterten die Jungen noch weitere vier Wochen, nachdem sie flügge wurden. Die brütenden Männchen (Väter) rekrutierten ihre Helfer, indem sie diese Männchen aktiv an Balz und Nestbau hinderten [B 2–4].

Für die Auswertung ihrer Beobachtungen nutzten die Forscher die Regel von W. D. Hamilton (1936–2000) zum Konzept der Verwandtenselektion. Danach ist Helfen ein evolutionsstabiles Verhalten, wenn gilt: $r \cdot N > K$ (mit: r Verwandtschaftskoeffizient, N Nutzen, K Kosten).

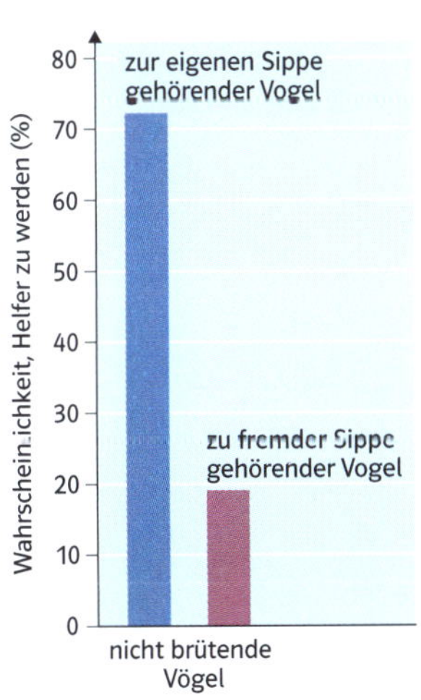

2 Zugehörigkeit der Helfer

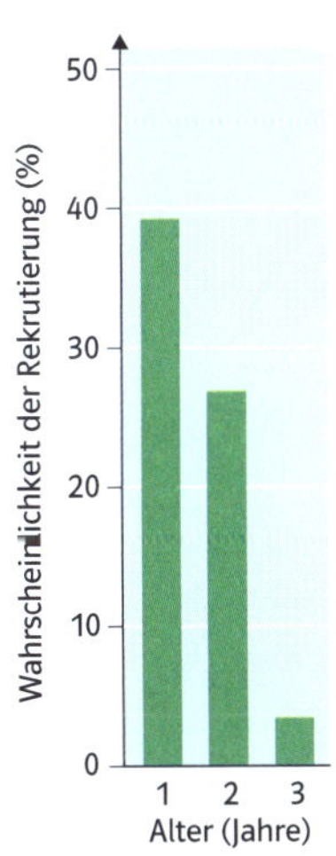

3 Alter der Helfer

Verwandtschaft des Brutpaars zum Helfer	r-Wert	Helfer Fälle	Anteil (%)
Vater – Mutter	0,50	78	44,8
Vater – Stiefmutter	0,25	17	9,8
Mutter – Stiefvater	0,25	16	9,2
Sohn – Fremde	0,25	18	10,3
Bruder – Fremde	0,25	12	6,9
Großvater – Großmutter	0,25	5	2,9
Halbbruder – Fremde	0,13	3	1,7
Onkel – Fremde	0,13	2	1,1
Großmutter – Fremder	0,13	1	0,6
Enkel – Fremde	0,13	1	0,6
Großvater – Fremde	0,06	1	0,6
Fremder – Fremde	0,00	20	11,5

4 Verwandtschaft zwischen Helfern und Nestlingen

Aufgaben

05/100 ○ **1** Definieren Sie den Begriff Altruismus.

15/100 ○ **2** Beschreiben Sie die Aussage der Regel von W. D. Hamilton.

30/100 ◒ **3** Werten Sie die Daten zum Helferverhalten bei Weißstirnspints aus [B 2–4].

50/100 ● **4** Erläutern Sie die Gesamtfitness eines Helfers in diesem Helfersystem.

Sexualdimorphismus bei Primaten?

1 Frau in androgyner Mode

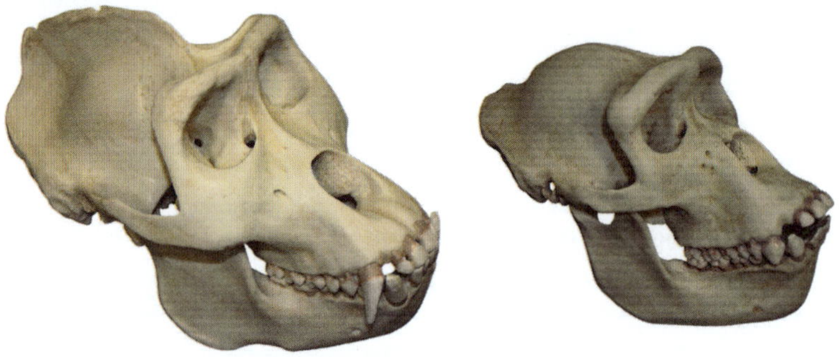

2 Gorilla-Schädel (links Männchen, rechts Weibchen)

Typisch Mann, typisch Frau – es gibt viele Vorurteile bezüglich Eigenschaften und Merkmalen aufgrund des Geschlechts. Tatsächlich sehen Männer und Frauen sich – abgesehen von den primären Geschlechtsmerkmalen – körperlich ähnlicher als man denkt und viele scheinbare Unterschiede sind lediglich auf veränderbare Eigenschaften, wie z. B. die Frisur oder die Kleidung, zurückzuführen [B 1].

Bei den Vorfahren des modernen Menschen unterschieden sich die Geschlechter deutlicher (Sexualdimorphismus). Auch bei manchen Menschenaffenarten sind die Unterschiede z. T. deutlicher zu erkennen als beim heutigen Menschen.

Paarungs-systeme	Anzahl der erfolgreichen Paarungspartnerinnen pro Männchen	Anzahl der erfolgreichen Paarungspartner pro Weibchen	Geschlecht, das eher der sexuellen Selektion unterliegt
Polygynie	viele	einer	Männchen
Polyandrie	eine	viele	Weibchen
Monogamie	eine	eine	keines von beiden

3 Verschiedene Paarungssysteme im Modell

Aufgaben

40/100 ● 1 Erläutern Sie das Prinzip der sexuellen Selektion im Hinblick auf verschiedene Paarungssysteme [B 3]. Gehen Sie dabei davon aus, dass in der jeweiligen Population eine Gleichverteilung der Geschlechter vorliegt.

25/100 ◒ 2 Ordnen Sie den Gorilla [B 2] begründet einem der Paarungssysteme aus [B 3] zu.

35/100 ● 3 Diskutieren Sie mithilfe von [B 4], inwiefern der Mensch einem der in [B 3] dargestellten Paarungssystem zugeordnet werden kann.

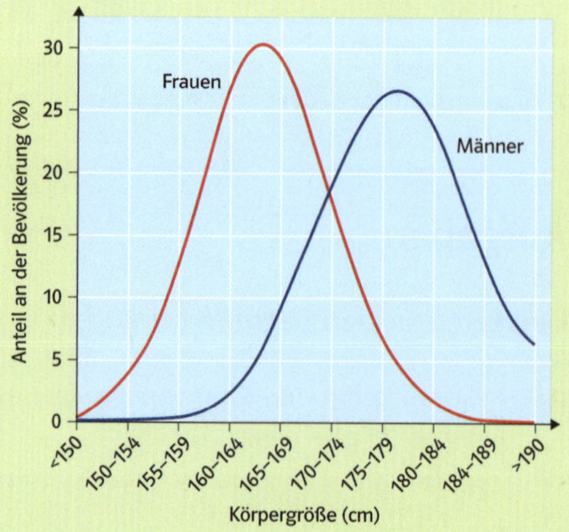

4 Körpergröße der Erwachsenen in Deutschland

Lucy – Mensch, Affe oder gemeinsamer Vorfahr?

Nachdem bekannt war, dass der engste lebende Verwandte des Menschen der Schimpanse ist, begann die Suche nach dem letzten gemeinsamen Vorfahren. Wie sah er aus? Wie lebte er? Und vor allem: Wann? Mit dem Fund eines solchen Fossils ließe sich endlich klären, wann die eigenständige Entwicklung des modernen Menschen begann. 1974 machten Forscher in der äthiopischen Wüste einen bahnbrechenden Fund, als sie ein verhältnismäßig gut erhaltenes, ca. 3,2 Millionen Jahre altes Skelett fanden. Sie nannten es „Lucy". Lucy sollte die Antwort auf die Ursprünge der Menschheit liefern. Doch konnte sie diesen Erwartungen gerecht werden?

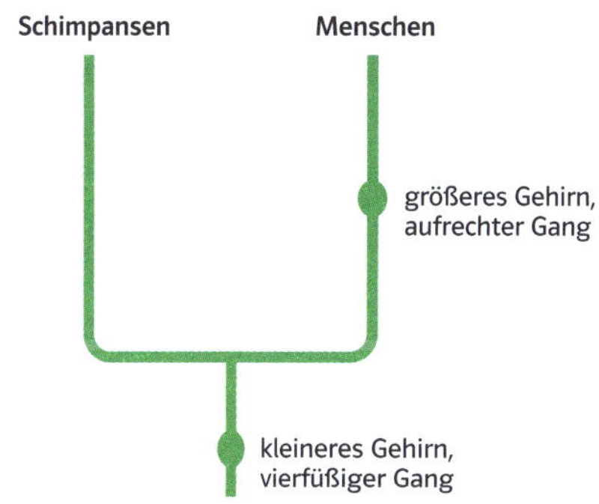

1 Stammbaumausschnitt der Hominiden

	Schädelkapazität (Raum für das Gehirn)	Körpergewicht
Schimpanse	400	ca. 40–60 kg
Mensch	1500	ca. 70 kg
Lucy	500	ca. 40 kg

2 Schädelkapazität verschiedener Hominiden

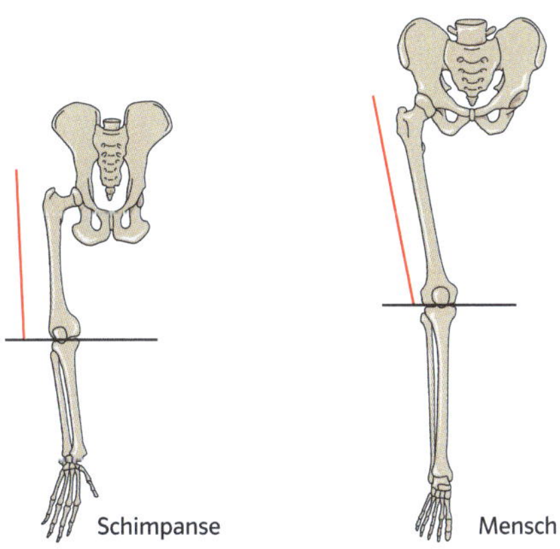

3 Beinskelett von Schimpanse und Mensch

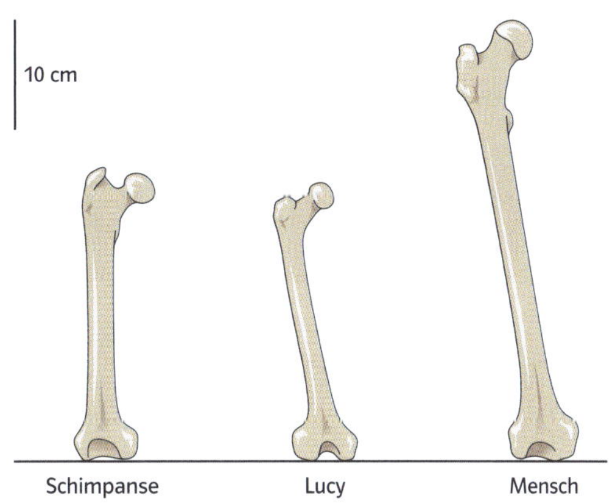

4 Oberschenkelknochen bei Hominiden

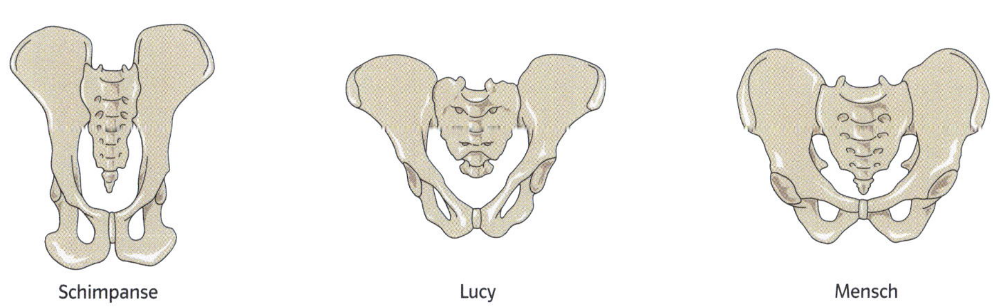

5 Beckenskelette verschiedener Hominiden

Aufgaben

20/100 ○ **1** Erläutern Sie anhand von [B 1] den Begriff abgeleitetes Merkmal.

40/100 ● **2** Prüfen Sie anhand von [B 2 bis 5], ob Lucy eher Merkmale eines modernen Menschen oder eher solche eines Schimpansen aufweist.

40/100 ● **3** Diskutieren Sie mithilfe von [B 2 bis 5], ob Lucy als Vorfahr des Menschen, des Schimpansen oder als gemeinsamer Vorfahr von beiden einzuordnen ist [vgl. B 1].

Domestikation der Gerste in der Steinzeit

Vor etwa 12 000 Jahren begann im Fruchtbaren Halbmond, einer damals regenreichen Region zwischen dem östlichen Mittelmeerraum (Levante) und dem Iran, die neolithische Revolution. Sie markiert den Beginn der Sesshaftigkeit der Menschen, die bis dahin als Jäger und Sammler umhergezogen waren. Die Steinzeitmenschen begannen, mit Ackerbau und Viehzucht ihre Nahrungsgrundlage ganzjährig zu sichern. In dieser Zeit wurde die Gerste für den Getreideanbau domestiziert.

1 Spindelbrüchigkeit bei Gerste (rechts)

Normalerweise ist die Ernte der Wildgerste sehr mühsam, denn bei ihr trennen sich die reifen Samen an Sollbruchstellen, den sogenannten Abschnürungsfurchen an der Hauptachse, von der Ähre [B 1]. Man bezeichnet das als Spindelbrüchigkeit der Ähre. Dafür sind zwei komplementäre Gene (A, B) für dominante Merkmale verantwortlich. Die Steinzeitbauern selektierten für die Zucht unbewusst solche Exemplare der Wildgerste, deren Samen auch nach der Reife noch an der Ähre festsaßen. Bei ihnen blieben die Samen beim Ernten und beim Transport an den Ähren, weil keine Abschnürungsfurche gebildet wurde. Neue Forschungsergebnisse belegen, dass die Zucht der Kulturgerste sowohl im nördlichen als auch, unabhängig davon, im südlichen Teil der Levante begonnen wurde [B 2]. Weitere Forschungen zur stammesgeschichtlichen Entwicklung von Bauernpopulationen ergaben, dass die Ausbreitung der Landwirtschaft durch migrierende Bauern ermöglicht wurde [B 3].

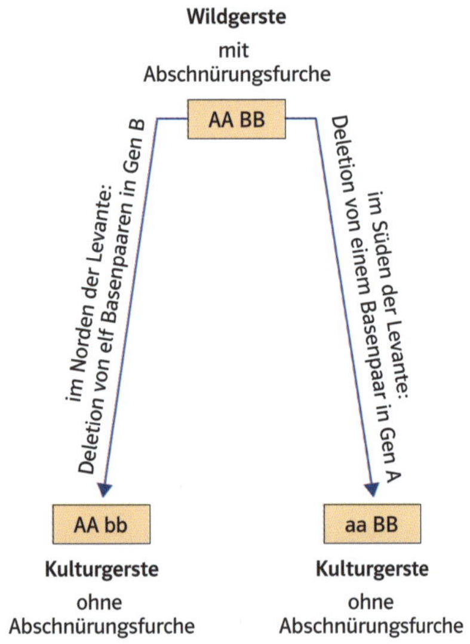

2 Züchtung der Kulturgerste

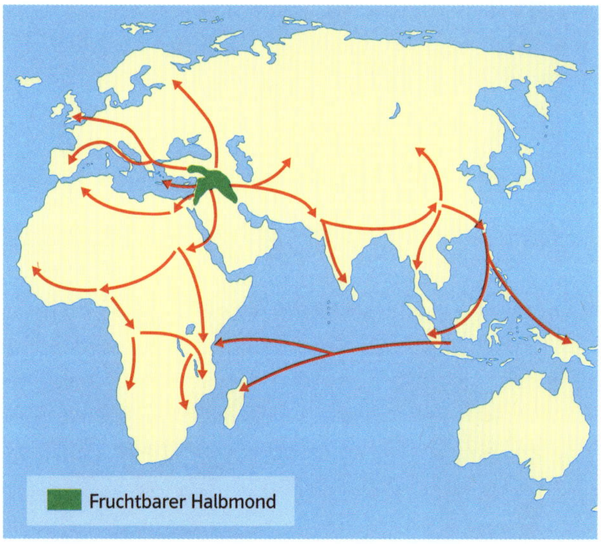

3 Ausbreitung der Landwirtschaft

Aufgaben

25/100 **1** Beschreiben Sie das Prinzip der Auswahlzucht am Beispiel der Domestikation der Gerste.

25/100 **2** Erläutern Sie den Befund, dass Gerste mindestens zweimal domestiziert wurde [B 2].

50/100 **3** Stellen Sie eine Hypothese auf, auf welchem Weg die Kulturgerste nach Mitteleuropa gelangte [B 3].

Paarungssystem und Fortpflanzung bei Menschen

Primaten haben verschiedene Paarungssysteme. Gibbons haben keinen Sexualdimorphismus. Sie leben monogam. Spermienkonkurrenz durch die Paarung mit mehreren Männchen tritt kaum auf. Gibbons haben kleine Hoden und bilden wenige Spermien. Gorillas haben ebenfalls kleine Hoden, leben allerdings polygyn und haben einen sehr ausgeprägten Sexualdimorphismus. Ein starkes Männchen verhindert die Paarung des Weibchens mit anderen Männchen. Schimpansen leben polygynandrisch, Männchen und Weibchen haben häufig wechselnde Paarungspartner. Die Männchen haben große Hoden, sie produzieren viele Spermien [B 1]. Der Sexualdimorphismus ist bei Schimpansen ähnlich schwach ausgebildet wie beim Menschen.

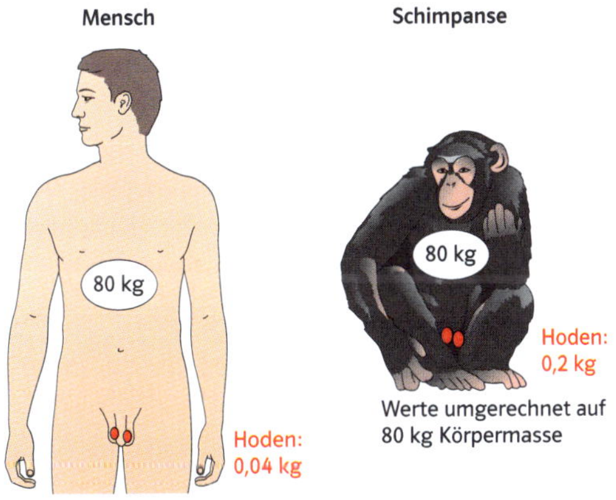

1 Hodenmasse und Paarungssysteme

Der frühe Homo sapiens lebte nach heutiger Kenntnis vor ca. 300 000 Jahren bis vor 12 000 Jahren in Jäger- und Sammlergesellschaften. Das damalige Paarungssystem versucht man durch Vergleich mit heute so lebenden Gesellschaften zu erschließen. Viele mobile Jäger- und Sammlergesellschaften zeigen ein egalitäres Sozialgefüge mit geringen Besitzunterschieden. Nahrung wird geteilt, Entscheidungen werden gemeinsam getroffen. Männer sind bei den Ache-Indianern meist Jäger, Frauen Sammlerinnen [B 2]. Die Gruppenmitglieder leben meist monogam, selten polygyn. Die enge Paarbindung, evtl. bedingt durch die kooperative Betreuung der gemeinsamen Kinder, weist auf eine Monogamie hin, möglicherweise mit verborgenem polygynandrischen Verhalten („Fremdgehen"). Bei ortsgebundenen Gesellschaften tritt häufiger Polygynie auf [B 3].

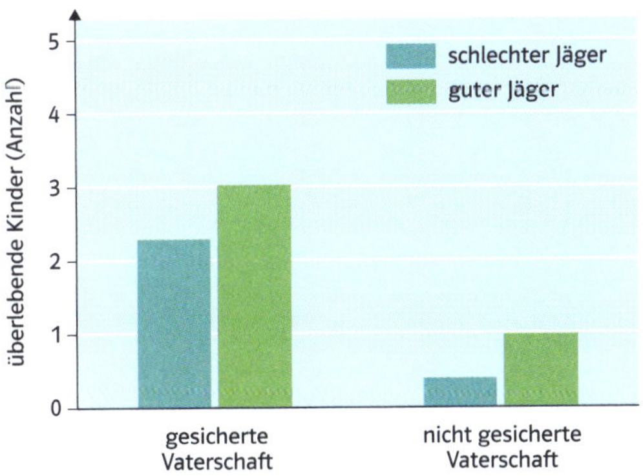

2 Reproduktive Fitness bei Ache-Indianern (Paraguay)

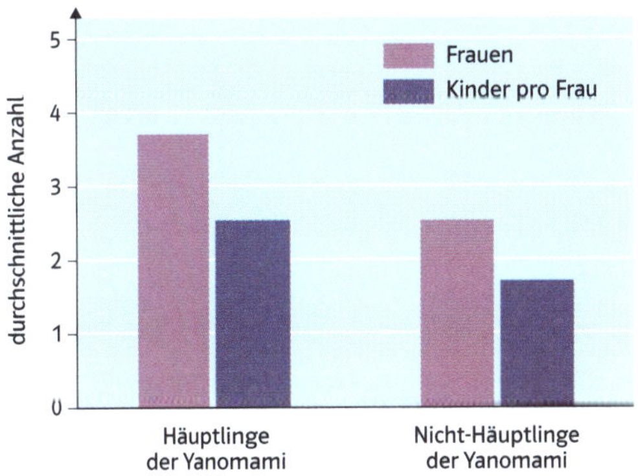

3 Reproduktive Fitness bei Yanomami-Pflanzern (Venezuela)

Aufgaben

05/100 ○ **1** Beschreiben Sie die Begriffe Monogamie, Polygynie, Polygynandrie.

25/100 ◒ **2** Ermitteln Sie mit [B 1] das Paarungssystem, das wahrscheinlich auf den Menschen zutrifft.

25/100 ◒ **3** Werten Sie [B 2 und 3] zur reproduktiven Fitness der Ache-Indianer und der Yanomami-Pflanzer aus.

45/100 ● **4** Stellen Sie eine Hypothese zum Wahlverhalten der Frauen bei den Ache-Indianern und den Yanomami-Pflanzern auf [B 2 und 3].

Ausbreitung des modernen Menschen

Die Out-of-Africa-Hypothese besagt, dass sich der moderne Mensch (Homo sapiens) auf dem afrikanischen Kontinent entwickelt hat und sich von dort aus über die Welt ausgebreitet hat. Diese Hypothese sorgte Anfang der 1980er-Jahre für hitzige Diskussionen. Dabei ging es um die Zuverlässigkeit der Interpretation wissenschaftlicher Daten, aber auch um die gesellschaftliche Relevanz – in einigen Ländern waren zu dem Zeitpunkt noch Gesetze zur Rassentrennung in Kraft. Familien aus Menschen mit verschiedener Hautfarbe wurden teilweise abgelehnt als Vermischung verschiedener Rassen.

Heute gibt es viele Belege für die Out-of-Africa-Hypothese, beispielsweise paläontologische Funde. Weitere Belege erhält man durch den Vergleich der mitochondrialen DNA (mt-DNA). Anhand der Basenunterschiede (Mutationen) einzelner, nicht von Selektion betroffener Abschnitte kann die Verwandtschaft einzelner Menschen bestimmt werden. Hieraus werden Haplogruppen gebildet – Gruppen von Menschen mit gleichen Sequenzen in der mt-DNA. Die Verteilung der Haplogruppen gibt Hinweise auf Wanderungsbewegungen des Homo sapiens. So entstand der moderne Mensch dort, wo Vertreter der Haplogruppe L gefunden werden. Menschen mit wenigen Basenunterschieden gehören zu anderen Untergruppen, wie L1, L2 etc. Über viele Generationen hinweg breiteten sich die Menschen nach Norden aus. In der Zeit kam es zu weiteren Mutationen der mt-DNA. Menschen mit diesen Basenabweichungen bilden die Haplogruppe R. Im Verlauf der weiteren Ausbreitung des Menschen erfolgten weitere Mutationen der mt-DNA, sodass heute viele Haplogruppen unterschieden werden können [B 1].

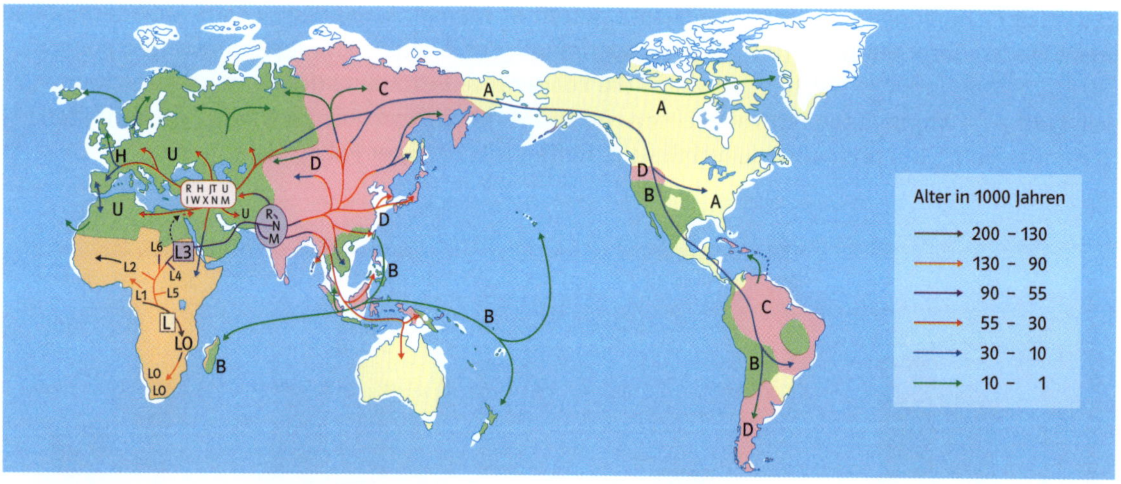

1 Alter und Verteilung der Haplogruppen (Auswahl)

Aufgaben

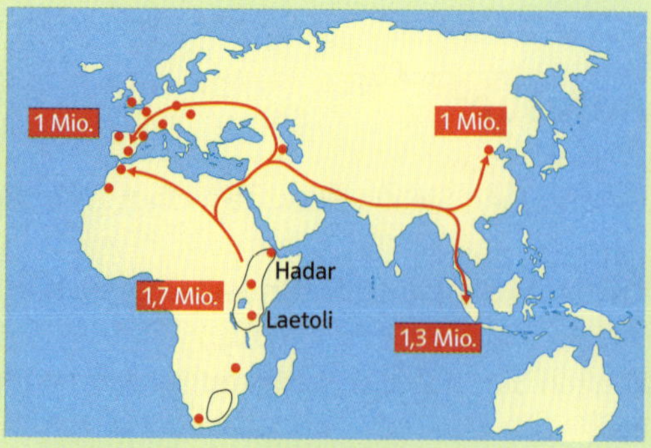

2 Auftreten von Homo erectus

20/100 ○ **1** Ermitteln Sie, welche Haplogruppe in Afrika am häufigsten verbreitet ist und welche Gruppe den afrikanischen Kontinent wann verlassen hat [B 1].

15/100 ○ **2** Beschreiben Sie die Wanderung des Homo sapiens nach Zentraleuropa [B 1].

40/100 ● **3** Diskutieren Sie, welche gesellschaftliche Bedeutung die Out-of-Africa-Hypothese hat.

25/100 ◒ **4** Vergleichen Sie die Ausbreitung von Homo sapiens und Homo erectus [B 1 und 2].

Der Denisova-Mensch und die Tibeter

Im Jahr 2019 wurde ein Unterkiefer-Fund aus der 3280 Meter hoch gelegenen Baishiya-Höhle auf dem Tibetischen Hochland bekannt. Das 160000 Jahre alte Fossil gehört zu dem bisher ältesten Hominiden-Fund in dieser Region. Es ist auffallend, dass der Kiefer kein ausgeprägtes Kinn und sehr große Zähne hat. Da der Fund keine brauchbare DNA für eine Verwandtschaftsanalyse enthielt, verwendete man stattdessen Proteine. Die Ergebnisse bestätigten, dass es sich nicht um den Kiefer eines modernen Menschen, sondern um den eines *Denisova-Menschen* handelt [B 2].

1 Tibetische Frau

Die indigenen Bewohner Tibets sind an ihren sauerstoffarmen Lebensraum angepasst. Bei Menschen aus dem Flachland steigt in 4000 m Höhe die Anzahl der Roten Blutzellen und der Hämoglobinmoleküle. Das sichert die Sauerstoffversorgung, erhöht jedoch auch die Viskosität des Blutes. Die Folge ist eine Höhenkrankheit, die Herzinfarkte, Bluthochdruck und vermehrte Kindersterblichkeit zur Folge hat. Die Tibeter zeigen allerdings im Gegensatz dazu keine erhöhten Konzentrationen an Roten Blutzellen und Hämoglobin. Obwohl sie mit 10 % weniger Sauerstoff im Blut leben, sind sie sehr leistungsfähig. Es werden sogar besonders wenig kranke Babys geboren, da der Uterus während der Schwangerschaft besonders gut durchblutet ist. Die genetische Grundlage für diese Höhenanpassung ist eine Variante des Gens *EPAS1*. Das Genprodukt dieser Variante verhindert die Reaktion, die bei Menschen aus dem Flachland auftritt. Wissenschaftler sind der Meinung, dass bereits Frühmenschen im Hochland von Tibet die Hochgebirgsvariante des Gens *EPAS1* aufwiesen und sie an Nachkommen mit modernen Menschen weitergaben. Aus deren Nachfahren entstanden vor ca. 4700 Jahren die beiden asiatischen Menschengruppen: Tibeter im Hochland und Han-Chinesen im Flachland. Passende Ergebnisse von Genanalysen [B 3] werden durch archäologische Funde auf der tibetischen Hochebene bestätigt.

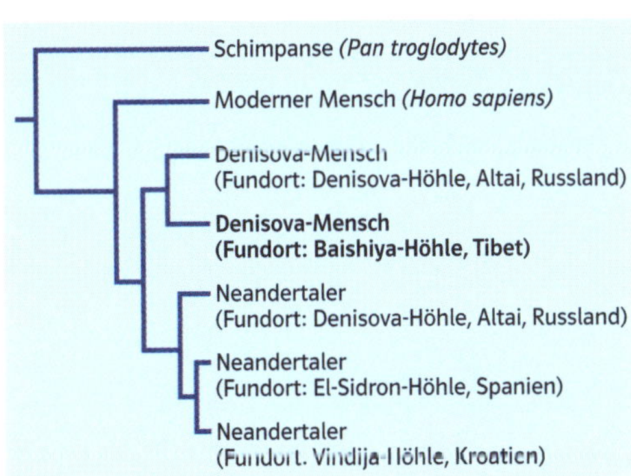

2 Phylogenetische Stellung des Fundstücks

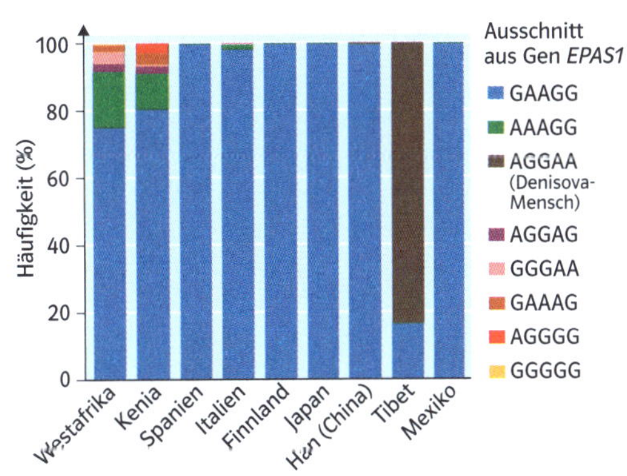

3 Vorkommen der tibetischen Variante des Gens EPAS1

Aufgaben

20/100 ○ **1** Beschreiben Sie die phylogenetische Stellung des Individuums, dessen Unterkiefer in der Baishiya-Höhle gefunden wurde, mithilfe von [B 2].

25/100 ◒ **2** Erklären Sie, wie die Hochgebirgsvariante des Gens *EPAS1* in das Genom der Tibeter gelangen konnte [B 3].

55/100 ● **3** Erläutern Sie die evolutiven Vorgänge, die zur vergleichsweise starken Verbreitung der Variante des Gens *EPAS1* im Genpool der Tibeter führten [B 3].

Nahrungszubereitung – ganz schön schlau?

Der Mensch ist biologisch gesehen ein Säugetier. Zahlreiche Fähigkeiten, die auf besonderen Gehirnleistungen beruhen, grenzen ihn jedoch von den übrigen Säugetieren, auch den Menschenaffen, ab. Dies sind z. B. die Entwicklung und der Gebrauch sehr aufwendiger Werkzeuge sowie eine hochkomplexe Kommunikation in Wort und Schrift. Zudem ist der Mensch das einzige Lebewesen, das im Laufe seiner Entwicklungsgeschichte gelernt hat, das Feuer als Wärmequelle und für das Garen von Lebensmitteln zu nutzen. Einige Forscher gehen davon aus, dass bereits der *Homo erectus* das Feuer nutzte, und vermuten einen Zusammenhang zu der zeitgleich einsetzenden starken Gehirnentwicklung.

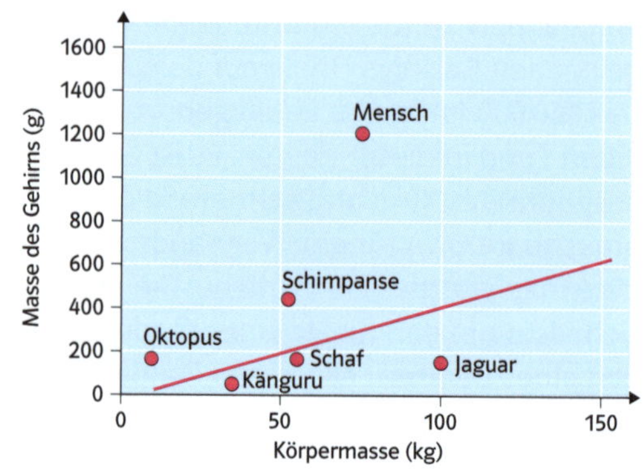

1 Gehirn- und Körpermasse

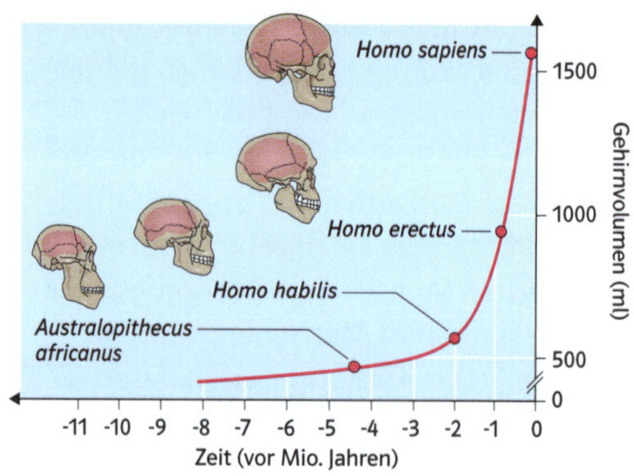

2 Entwicklung des Gehirns bei den *Hominini*

Art	Anteil der für das Gehirn verwendeten Stoffwechselenergie (%)
Kaninchen	4
Katze	6
Ratte	6
Orang-Utan	11
Rhesusaffe	13
Pavian	13
Mensch	20

3 Energieaufwand für das Gehirn bei Säugetieren

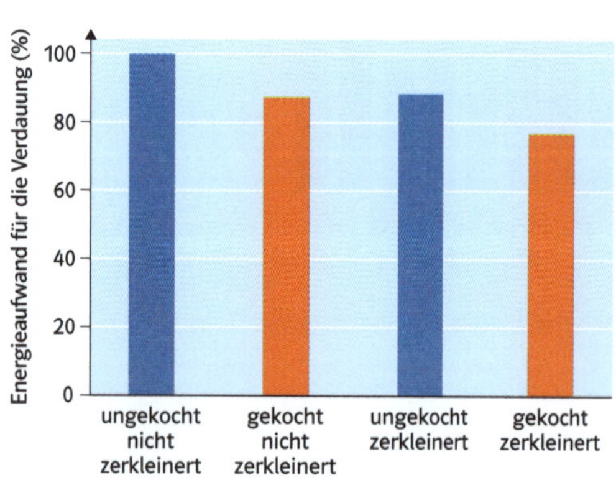

4 Energieaufwand für die Verdauung von Fleisch

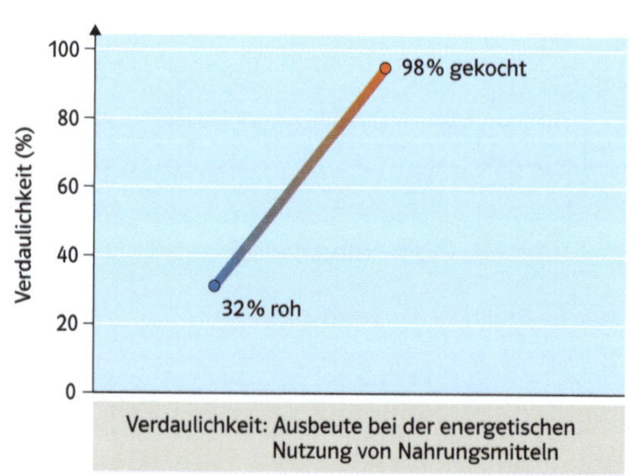

5 Verdaulichkeit von Knollen und Wurzeln

Aufgaben

15/100 ○ **1** Beschreiben Sie die Befunde für das menschliche Gehirn in Abgrenzung zu den übrigen Säugetieren [B 1].

55/100 ● **2** Werten Sie die [B 2 bis 5] im Hinblick auf die Gehirnentwicklung des Menschen [B 1] aus.

30/100 ● **3** Erläutern Sie, inwiefern das menschliche Gehirn das Ergebnis eines Zusammenspiels von kultureller und biologischer Evolution ist [B 1–5].

Ein weiterer Frühmensch: Homo naledi

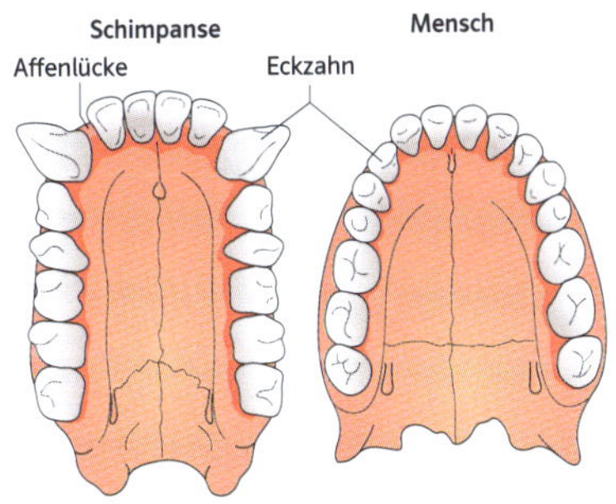

1 Unterkiefer (nicht gleicher Maßstab)

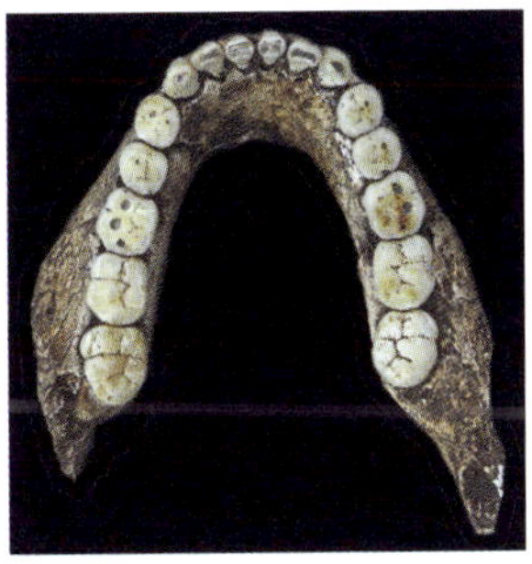

2 Unterkiefer von Homo naledi

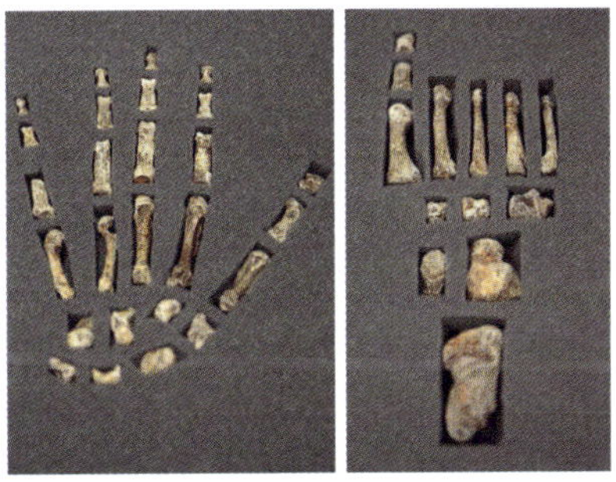

3 Homo naledi: Hand und Fuß

2013/14 wurden in der Rising-Star-Höhle in Südafrika 1550 Fossilienstücke von insgesamt 15 Hominiden gefunden (Erwachsene, Jugendliche, Kleinkinder). Verschiedene Datierungsmethoden ergaben für das Alter der Fundstücke maximal 330 000 Jahre. Es gilt als sicher, dass die Toten dort bewusst abgelegt wurden. Die Wissenschaftler im Team um LEE BERGER (*1965) nannten das Fossil *Homo naledi* in Erinnerung an den Fundort in der Dinaledi-Kammer. In der Sprache der Einheimischen heißt *naledi* übersetzt „Stern". *Homo naledi* war ca. 1,50 m groß und 45 kg schwer. Sein Gehirn hatte die Größe einer Orange (ca. 560 cm^3), vergleichbar mit dem von Australopithecus. Abdrücke von Gehirnstrukturen im Schädeldach zeigen Gemeinsamkeiten mit denen früher Vertreter der Gattung Homo. Sie lassen den Schluss zu, dass *H. naledi* möglicherweise komplex denken konnte. Auch Kiefer wurden gefunden [B 2]. Die vorderen Backenzähne waren primitiv, ähnlich wie die von *Homo habilis*. Die hinteren Backenzähne waren hochkroniger als die anderer Frühmenschen. Sie waren dadurch widerstandsfähiger gegenüber Abnutzung durch sandhaltige Nahrung und hartes kieselsäurehaltiges Pflanzenmaterial. Die Zahnwurzeln ähnelten denen von Australopithecinen und frühen Hominiden.

Der Körperbau von *Homo naledi* war grazil. Becken und Oberschenkelknochen zeigten Merkmale von Australopithecinen. Seine Schultern ähnelten denen heutiger Menschenaffen. Die Hände mit opponierbarem, kräftigem Daumen waren für den Werkzeuggebrauch geeignet [B 3]. Mit dem Handgelenk, das ähnlich wie das von Hominiden gebaut war, konnte *H. naledi* Objekte drehen. Seine Finger waren stärker gekrümmt als die von anderen frühen Homininen. Sie ähnelten denen von Affen und waren zum Klettern geeignet. Die Zehen waren ebenfalls stark gekrümmt, auch ein Hinweis auf die kletternde Lebensweise. Ansonsten ähnelten seine Füße denen der heutigen Menschen [B 3]. Der Bereich des Mittelfußes war steifer als bei den Menschenaffen und den Australopithecinen. Die Füße konnten das Körpergewicht gut tragen und waren geeignet, längere Strecken auf zwei Beinen zu laufen. *Homo naledi* lebte wahrscheinlich zeitgleich mit frühen Vertretern von *Homo sapiens*, deren Überreste man in Marokko ausgegraben hat.

Aufgaben

25/100 ◒ **1** Beschreiben Sie die Kennzeichen des Gebisses von *Homo naledi*, die erkennen lassen, dass es sich nicht um Funde von Affen handeln kann [B 1 und 2].

25/100 ◒ **2** Stellen Sie tabellarisch die Merkmale von *H. naledi* zusammen, die mehr einem Australopithecus bzw. mehr einem Homo ähneln, und begründen Sie, warum diese Art so ungewöhnlich ist.

50/100 ● **3** Erläutern Sie, dass manche Forscher nicht von einem Stammbaum des Menschen, sondern von einem Stammbusch sprechen.

Der Urahn der Vielzeller im Tierreich

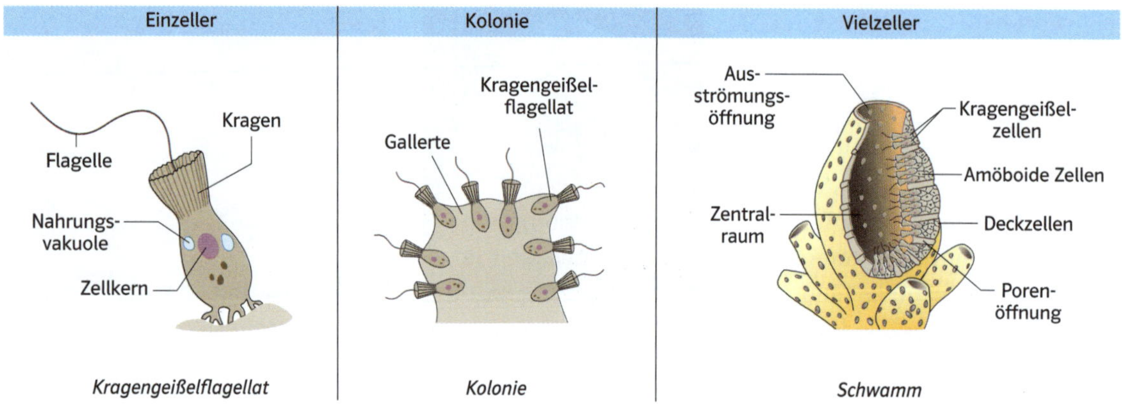

1 Vom Einzeller zum Vielzeller im Tierreich

Schon im 19. Jahrhundert erkannte ERNST HAECKEL (1834–1919) die Ähnlichkeit von bestimmten begeißelten Einzellern, den Kragengeißelflagellaten (Choanoflagellaten), und den Kragengeißelzellen an der Innenseite von Schwämmen. Kragengeißelflagellaten sind aquatisch lebende Einzeller mit einer Geißel (Flagellum), die von einem Kragen aus fädigen Zellfortsätzen umgeben ist. Mit dieser Geißel erzeugen sie einen Sog, der ihnen Nahrungspartikel zuführt [B 1].

Man geht heute davon aus, dass vor ca. 600 Mio. Jahren die Kragengeißelflagellaten die Basis für die Entstehung tierischer Vielzeller waren [B 1]. Dafür suchten Forscher bei Choanoflagellaten nach genetischen Belegen, dass diese vielleicht die nächsten Verwandten der Vielzeller im Tierreich sind. Stellvertretend für diese Einzeller wurde das Genom eines einzelligen Choanoflagellaten, *Monosiga brevicollis*, sequenziert und mit den Genomen von anderen Eukaryoten und Vielzellern verglichen [B 2]. Dabei wurden viele homologe Gene (in B 2 farbig markiert) gefunden, die für Proteine codieren, die bei der Adhäsion von benachbarten Zellen im Gewebe oder in der extrazellulären Matrix eine Rolle spielen. Manche dieser Proteine tragen zum Zusammenhalt von Zellen in Vielzellern bei bzw. sind an der Signalübertragung beteiligt. Zusätzlich wurden homologe Gene für Transkriptionsfaktoren identifiziert.

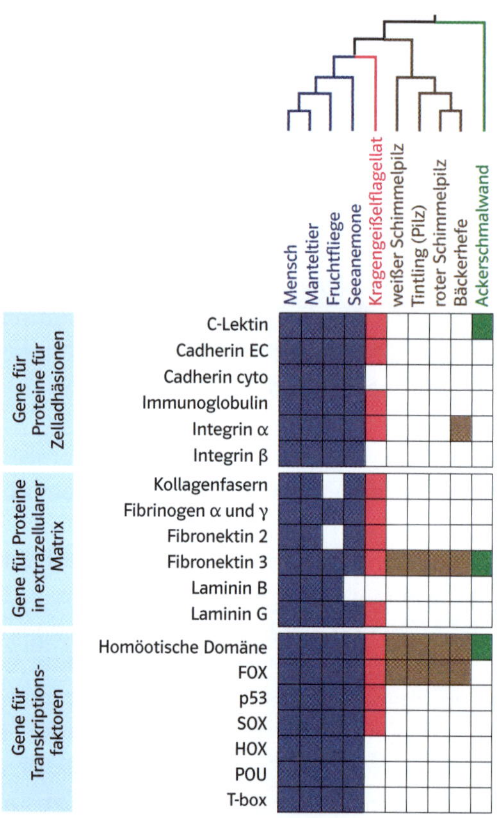

2 Ergebnisse des Genomvergleichs

Aufgaben

15/100 ○ **1** Beschreiben Sie den möglichen Entwicklungsweg von Einzellern zum Vielzeller [B 1].

55/100 ● **2** Werten Sie den Vergleich zwischen *M. brevicollis* und anderen Vielzellern aus [B 2].

30/100 ● **3** Beurteilen Sie die Aussage „Choanoflagellaten sind die Vorfahren der Tiere".

Korallen – Belege für die Endosymbiontentheorie?

Korallen sind Lebewesen, die zu den Nesseltieren gehören. Einige Korallenarten scheiden an ihrer Basis Kalk ab, sodass sich mit der Zeit daraus gewaltige Riffstrukturen entwickeln. Diese von den lebenden Korallen bewachsenen Riffe stellen wiederum den Lebensraum zahlreicher anderer Lebewesen dar. Man geht davon aus, dass ca. 400 000 Arten weltweit im Ökosystem Korallenriff leben. Aufgrund dieser enormen Artenvielfalt nennt man Korallenriffe auch „Regenwälder der Meere". Eine Korallenart mit Bedeutung bei der Riffbildung ist die sehr farbenprächtige Steinkoralle [B 1].

1 Steinkoralle

In Gewebe von Steinkorallen findet man einzellige Algen. Sie werden als Zooxanthellen bezeichnet. Es handelt sich um eukaryotische, fotosynthetisch aktive Einzeller.

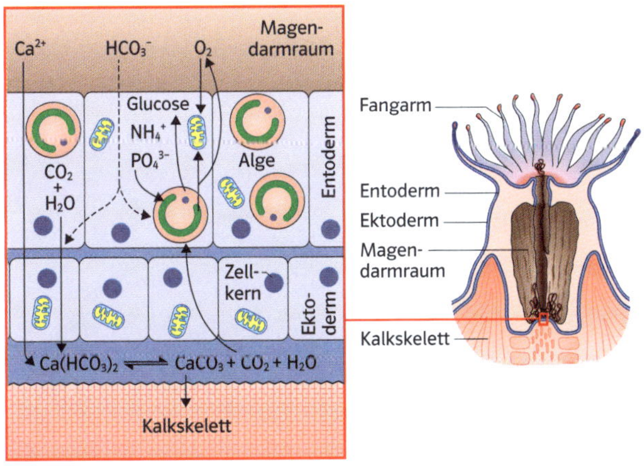

2 Aufbau eines Kalkskeletts bei Steinkorallen

3 Zooxanthellen

Der von der Korallenzelle gebildete Kalk ($CaCO_3$) wird an der Basis der Zelle abgeschieden, sodass das Kalkskelett an Größe zunimmt.

$$Ca^{2+} + 2\,HCO_3^- \rightleftarrows CaCO_3 + H_2O + CO_2$$

Die Reaktion, bei der aus Calcium-Ionen und Hydrogencarbonat-Ionen Kalk gebildet wird, ist eine Gleichgewichtsreaktion, sie läuft also in beide Richtungen ab. Wenn die Konzentration von Kohlenstoffdioxid in unmittelbarer Nähe der Koralle ansteigt, läuft vor allem die Rückreaktion ab, Kalk wird dann also vermehrt abgebaut.

4 Kalkbildung bei Korallen

Aufgaben

25/100 ◒ **1** Beschreiben Sie die Endosymbiontentheorie.

35/100 ● **2** Erläutern Sie die Beziehung zwischen der Steinkoralle und den Zooxanthellen [B 2–4].

40/100 ● **3** Prüfen Sie, inwieweit die Beziehung von Steinkoralle und Zooxanthellen einen Beleg für die Endosymbiontentheorie darstellt.

Die Zuordnung der Pilze

Kinder teilen die Lebewesen der Erde meist in drei Gruppen ein: Menschen, Tiere und Pflanzen. Pilze werden dabei den Pflanzen zugeordnet, weil sie sich erkennbar nicht viel bewegen. Dabei sind Pilze heterotrophe Organismen. In der biologischen Forschung ist die Einteilung von Lebewesen, die Systematik, ein sich nach wie vor weiterentwickelnder Bereich. Eine geläufige Einteilung ist die Unterscheidung in drei Domänen: Bacteria, Archaea und Eukaryoten. Tiere, Pflanzen, Pilze und Protisten sind Unterdomänen der Eukaryoten. Diese Einteilung beruht unter anderem auf dem Vergleich gemeinsamer Strukturen, DNA-Vergleichen und dem Vergleich der ribosomalen RNA.

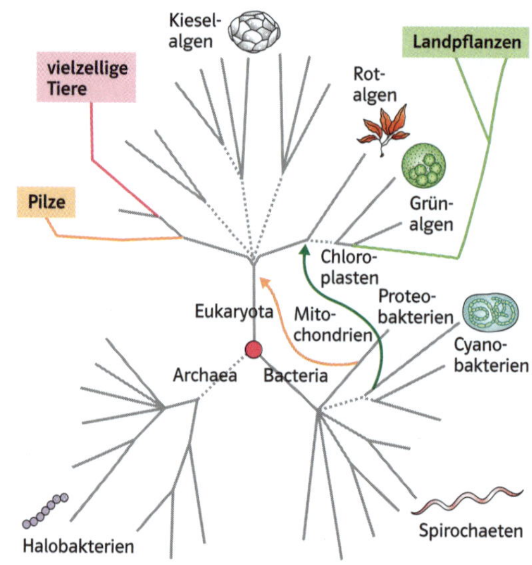

1 Stammbaum der Lebewesen

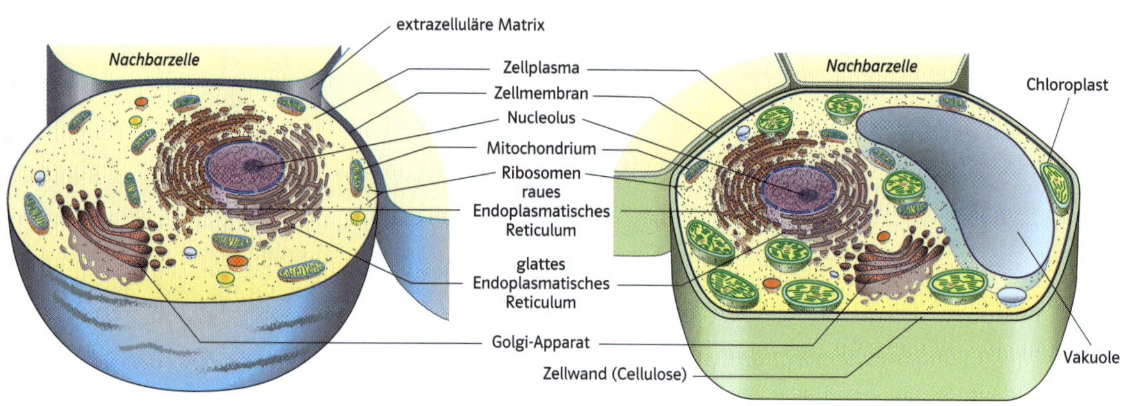

2 Tierzelle und Pflanzenzelle

Aufgaben

15/100 ○ **1** Vergleichen Sie die Zelle von Pilzen (Ständerpilz, B 3) mit der Tierzelle und der Pflanzenzelle [B 2].

35/100 ◒ **2** Erläutern Sie die Endosymbiontentheorie.

50/100 ● **3** Werten Sie alle Informationen dieser Seite hinsichtlich der Frage aus, ob Pilze näher mit Landpflanzen oder mit vielzelligen Tieren verwandt sind.

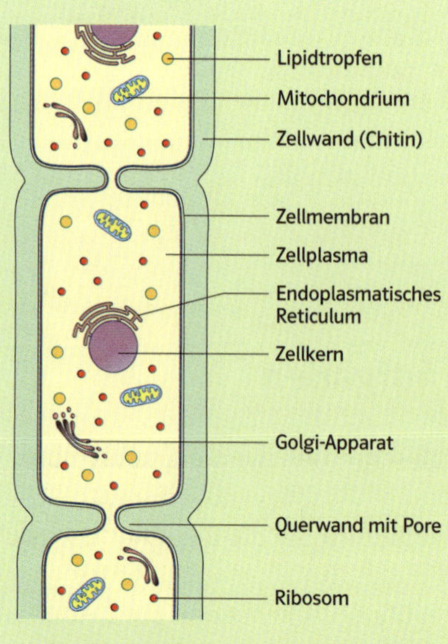

3 Pilzzelle (Hyphe eines Ständerpilzes)

Quellennachweis für Fotos und Grafiken

U1.1 Getty Images Plus, München (iStock/jxfzsy); **4.1** Nehren, Otto, Achern; **4.2a** Image Professionals, München (Science Photo Library / PHOTOGRAPH BY A. BARRINGTON BROWN, COPYRIGHT GONVILLE AND CAIUS COLLEGE, CAMBRIDGE); **4.2b** Herzig, Wolfgang, Essen; **6.1** stock.adobe.com, Dublin (Tony Campbell); **6.3** Nehren, Otto, Achern; **7.1** Fass, Simone, Leipzig; **7.2** Nehren, Otto, Achern; **7.3** Fass, Simone, Leipzig; **7.4** Fass, Simone, Leipzig; **9.5** Nehren, Otto, Achern; **10.1** Nehren, Otto, Achern; **11.1** Nehren, Otto, Achern; **11.2** Nehren, Otto, Achern; **11.3** Nehren, Otto, Achern; **11.4** Nehren, Otto, Achern; **12.1** stock.adobe.com, Dublin (RFBSIP); **12.2** Herzig, Wolfgang, Essen; **12.3** Herzig, Wolfgang, Essen; **13.5** Herzig, Wolfgang, Essen; **15.1** Nehren, Otto, Achern; **15.3** Nehren, Otto, Achern; **16.1** Herzig, Wolfgang, Essen; **16.2** Herzig, Wolfgang, Essen; **16.3** Herzig, Wolfgang, Essen; **17.4** Herzig, Wolfgang, Essen; **18.1** Nehren, Otto, Achern; **18.2** Nehren, Otto, Achern; **19.1** Picture-Alliance, Frankfurt/M. (dpa/epa PA Margaret Mcfall-Ngai); **19.2** Nehren, Otto, Achern; **19.3** Nehren, Otto, Achern; **19.4** Nehren, Otto, Achern; **20.1** Nehren, Otto, Achern; **22.1** Picture-Alliance, Frankfurt/M. (Romain Fellens); **22.2** Nehren, Otto, Achern; **22.3** Nehren, Otto, Achern; **23.1** Nehren, Otto, Achern; **23.2** Nehren, Otto, Achern; **23.3** Nehren, Otto, Achern; **24.1** Picture-Alliance, Frankfurt/M. (ZB/Waltraud Grubitzsch); **24.2** Nehren, Otto, Achern; **24.4** Nehren, Otto, Achern; **25.1** Nehren, Otto, Achern; **25.2** Nehren, Otto, Achern; **25.3** Nehren, Otto, Achern; **25.4** Nehren, Otto, Achern; **26.1** Schobel, Ingrid, Hannover; **26.3** Schobel, Ingrid, Hannover; **27.1** Nehren, Otto, Achern; **28.1a** Ernst Klett Verlag GmbH, Stuttgart (Aribert Jung); **28.1b** IMAGO, Berlin (blickwinkel/R.Sturm); **28.2a** Schobel, Ingrid, Hannover; **28.2b** Schobel, Ingrid, Hannover; **28.2c** Schobel, Ingrid, Hannover; **28.2d** Schobel, Ingrid, Hannover; **28.2e** Schobel, Ingrid, Hannover; **28.3** Schobel, Ingrid, Hannover; **29.1** Ernst Klett Verlag GmbH, Stuttgart; **29.2** Schobel, Ingrid, Hannover; **30.1** Ernst Klett Verlag GmbH, Stuttgart; **30.2** Schobel, Ingrid, Hannover; **31.3** Herzig, Wolfgang, Essen; **31.5** Herzig, Wolfgang, Essen; **32.1** Image Professionals, München (Science Photo Library/Look At Sciences); **32.2** Image Professionals, München (Science Photo Library/Biophoto Associates); **32.3** Schobel, Ingrid, Hannover; **33.1** Schobel, Ingrid, Hannover; **33.2** Schobel, Ingrid, Hannover; **33.3** Schobel, Ingrid, Hannover; **33.4** Schobel, Ingrid, Hannover; **34.1** Nehren, Otto, Achern; **34.2** Nehren, Otto, Achern; **35.1** Schobel, Ingrid, Hannover; **36.1** Nehren, Otto, Achern; **36.2** Nehren, Otto, Achern; **36.3** action press international gmbh, Hamburg (Sportfoto Gettschat); **37.4** Herzig, Wolfgang, Essen; **38.1** ShutterStock.com RF, New York (Marco Uliana); **38.2** Schobel, Ingrid, Hannover; **39.1** Schobel, Ingrid, Hannover; **40.1** Schobel, Ingrid, Hannover; **40.2** Schobel, Ingrid, Hannover; **40.3** Ernst Klett Verlag GmbH, Stuttgart; **40.4** Schobel, Ingrid, Hannover; **42.1** Nehren, Otto, Achern; **42.2** Nehren, Otto, Achern; **43.1** Nehren, Otto, Achern; **43.2** Picture-Alliance, Frankfurt/M. (dpa/David Blake/Glofish); **44.1** laif, Köln (LookatSciences/Dung Vo Trung); **44.2** Nehren, Otto, Achern; **45.1** Image Professionals, München (Science Photo Library/Chillmaid, Martyn F.); **45.2** Nehren, Otto, Achern; **45.3** Nehren, Otto, Achern; **46.1** stock.adobe.com, Dublin (VanderWolf Images); **47.1** stock.adobe.com, Dublin (Norman Chan); **47.2** Schobel, Ingrid, Hannover; **47.3** Schobel, Ingrid, Hannover; **48.1** Nehren, Otto, Achern; **48.2** Nehren, Otto, Achern; **49.1** Nehren, Otto, Achern; **49.2** Nehren, Otto, Achern; **49.3** Nehren, Otto, Achern; **50.1** Nehren, Otto, Achern; **51.1** Nehren, Otto, Achern; **51.2** Nehren, Otto, Achern; **52.1** Nehren, Otto, Achern; **52.2** Nehren, Otto, Achern; **52.3** Nehren, Otto, Achern; **52.4** Nehren, Otto, Achern; **54.1** Alamy stock photo, Abingdon (tbkmedia.de); **54.2** Alamy stock photo, Abingdon (Dmitryi Bogdanov); **55.1** Getty Images Plus, München (E+/rusm); **55.2** Getty Images Plus, München (iStock/GlobalP); **55.3** Getty Images Plus, München (iStock/GlobalP); **55.4** Schobel, Ingrid, Hannover; **56.1** Alamy stock photo, Abingdon (Martin Fowler); **56.2a** juniors@wildlife, Hamburg (Lane, M.); **56.2b** juniors@wildlife, Hamburg (Minden Pictures); **56.3** Schobel, Ingrid, Hannover; **57.1** Getty Images Plus, München (iStock/bgsmith); **57.2** Schobel, Ingrid, Hannover; **58.1** Image Professionals, München (Science Photo Library/Nature's Images); **58.2** Schobel, Ingrid, Hannover; **58.3** Schobel, Ingrid, Hannover; **59.1** Getty Images Plus, München (iStock/photographybyJHWilliams); **59.2** Schobel, Ingrid, Hannover; **59.3** Schobel, Ingrid, Hannover; **59.4** Schobel, Ingrid, Hannover; **59.5** Schobel, Ingrid, Hannover; **60.1** Getty Images Plus, München (iStock/passion4nature); **60.2** Alamy stock photo, Abingdon (Rolf Nussbaumer Photography/Bill Draker); **60.3** Getty Images Plus, München (iStock/passion4nature); **60.4** Schobel, Ingrid, Hannover; **60.5** Schobel, Ingrid, Hannover; **61.1** Getty Images Plus, München (iStock/Magnus Larsson); **61.2** Schobel, Ingrid, Hannover; **62.1** Getty Images Plus, München (iStock/phototrip); **62.2** Schobel, Ingrid, Hannover; **63.1** ShutterStock.com RF, New York (Gucio_55); **63.2** Schobel, Ingrid, Hannover; **64.1** Getty Images Plus, München (iStock/Ciungara); **64.2** Getty Images Plus, München (E+/Andrew_Howe); **64.4** Schobel, Ingrid, Hannover; **65.1** IMAGO, Berlin (blickwinkel); **65.2** Schobel, Ingrid, Hannover; **66.1** Alamy stock photo, Abingdon (FLPA); **66.2** Alamy stock photo, Abingdon (Imagebroker/Arco Images/Huetter, C.); **67.1** Alamy stock photo, Abingdon (Marian.e); **67.2** Schobel, Ingrid, Hannover; **68.1** ShutterStock.com RF, New York (Matt Jeppson); **68.2** Getty Images Plus, München (iStock/ClaudioVentrella); **68.3** Schobel, Ingrid, Hannover; **69.1** Alamy stock photo, Abingdon (Science History Images/Eric Grave); **69.2** Schobel, Ingrid, Hannover; **70.1** iStockphoto, Calgary, Alberta (Debi Gardiner); **70.2** Schobel, Ingrid, Hannover; **71.1** Schobel, Ingrid, Hannover; **74.1** stock.adobe.com, Dublin (Robin); **74.2** Alamy stock photo, Abingdon (George Ostertag); **74.3** stock.adobe.com, Dublin (Brian Lasenby); **74.5** Schobel, Ingrid, Hannover; **75.1** Getty Images Plus, München (iStock/tenra); **75.2** https://creativecommons.org/licenses/by/4.0/deed.de, Mountain View, https://creativecommons.org/licenses/by-sa/4.0/deed.de, Mountain View (By Gideon Pisanty (Gidip) - Own work, CC BY 3.0, https://commons.wikimedia.org/w/index.php?curid=3933655); CC-BY-4.0 Lizenzbestimmungen: http://creativecommons.org/licenses/by/4.0/legalcode; CC-BY-SA-4.0 Lizenzbestimmungen: https://creativecommons.org/licenses/by-sa/4.0/legalcode, siehe *1; **75.3** Schobel, Ingrid, Hannover; **75.4** Schobel, Ingrid, Hannover; **76.1** Alamy stock photo, Abingdon (Dave Watts); **76.2** Schobel, Ingrid, Hannover; **76.3** Schobel, Ingrid, Hannover; **77.2** Schobel, Ingrid, Hannover; **77.3** Schobel, Ingrid, Hannover; **78.1** Alamy stock photo, Abingdon (Douglas Peebles Photography/C.Douglas Peebles); **78.2** Alamy stock photo, Abingdon (Thomas Chlebecek); **78.3** Picture-Alliance, Frankfurt/M. (Minden Pictures/Jack Jeffrey/BIA); **78.4** Nehren, Otto, Achern; **78.5** Schobel, Ingrid, Hannover; **78.6** Schobel, Ingrid, Hannover; **79.1** stock.adobe.com, Dublin (Tramper2); **79.2** Alamy stock photo, Abingdon (Jim Snyders); **79.3** Image Professionals, München (Science Photo Library/Edelmann); **79.4** Schobel, Ingrid, Hannover; **80.1** Alamy stock photo, Abingdon (Dembinsky Photo Associates); **80.2** Getty Images Plus, München (iStock/wrangel); **80.4** Schobel, Ingrid, Hannover; **81.1a** Getty Images Plus, München (Charmian Vistaunet / Design Pics); **81.1b** Mauritius Images, Mittenwald (Marko von der Osten/imageBROKER); **81.1c** Alamy stock photo, Abingdon (Premium Stock Photography GmbH/Frank Teigler); **81.2** Schobel, Ingrid, Hannover; **82.1** ShutterStock.com RF, New York (Patsy A. Jacks); **82.2** Nehren, Otto, Achern; **83.1** Schobel, Ingrid, Hannover; **83.2** Schobel, Ingrid, Hannover; **84.1** Getty Images Plus, München (iStock/Gaardman); **84.2** Alamy stock photo, Abingdon (Amazon-Images); **84.3** Schobel, Ingrid, Hannover; **84.4** Schobel, Ingrid, Hannover; **84.5** Balonier, Matthias, Lützelbach; **85.1** Schobel, Ingrid, Hannover; **85.2** Schobel, Ingrid, Hannover; **86.1** Getty Images Plus, München (iStock/Photoservice); **86.2** Schobel, Ingrid, Hannover; **86.3** Schobel, Ingrid, Hannover; **87.1** Alamy stock photo, Abingdon (AGAMI Photo Agency/Ralph Martin); **87.2** Schobel, Ingrid, Hannover; **87.3** Schobel, Ingrid, Hannover; **88.1** Schobel, Ingrid, Hannover; **89.1** Okapia, Frankfurt (J-L Klein & M-L Hubert); **89.2** Schobel, Ingrid, Hannover; **90.1** Alamy stock photo, Abingdon (Danita Delimont/William Sutton); **90.3** Schobel, Ingrid, Hannover; **91.1** Getty Images Plus, München (iStock/steve_is_on_holiday); **91.2** Schobel, Ingrid, Hannover; **91.3** Schobel, Ingrid, Hannover; **92.1** stock.adobe.com, Dublin (tinx); **92.2a** Alamy stock photo, Abingdon (Sabena Jane Blackbird); **92.2b** Alamy stock photo, Abingdon (Sabena Jane Blackbird); **92.4** Schobel, Ingrid, Hannover; **93.1** Schobel, Ingrid,

Hannover; **93.3** Schobel, Ingrid, Hannover; **93.4** Schobel, Ingrid, Hannover; **93.5** Schobel, Ingrid, Hannover; **94.1** Schobel, Ingrid, Hannover; **94.2** Schobel, Ingrid, Hannover; **94.3** Schobel, Ingrid, Hannover; **95.1** Schobel, Ingrid, Hannover; **95.2** Schobel, Ingrid, Hannover; **95.3** Schobel, Ingrid, Hannover; **96.1** Schobel, Ingrid, Hannover; **96.2** Schobel, Ingrid, Hannover; **97.1** Alamy stock photo, Abingdon (TAO Images Limited/Chaoying Zhang); **97.2** Schobel, Ingrid, Hannover; **97.3** Schobel, Ingrid, Hannover; **98.1** Schobel, Ingrid, Hannover; **98.2** Schobel, Ingrid, Hannover; **98.4** Schobel, Ingrid, Hannover; **98.5** Schobel, Ingrid, Hannover; **99.1** Schobel, Ingrid, Hannover; **99.2** IMAGO, Berlin (Greatstock/University of the Witwatersrand/John Hawks); **99.3a** IMAGO, Berlin (Greatstock/DANIEL BORN); **99.3b** IMAGO, Berlin (Greatstock/DANIEL BORN); **100.1** Nehren, Otto, Achern; **100.2** Schobel, Ingrid, Hannover; **101.1** IMAGO, Berlin (imageBROKER/Norbert Probst); **101.2** Schobel, Ingrid, Hannover; **101.3** Getty Images Plus, München (The Image Bank/Oxford Scientific); **102.1** Schobel, Ingrid, Hannover; **102.2** Nehren, Otto, Achern; **102.3** Schobel, Ingrid, Hannover;

Textnachweis:
54.3 Aus Jean-Baptiste de Lamarck (1744—1829): Philosophie zoologique. Dt. Übersetzung hier: Lilla-Eliza Hell

1. Auflage 1 5 4 3 2 1 | 27 26 25 24 23

Autorin: Franziska Langer
Unter Mitarbeit folgender Autorinnen: Carla Baller, Hannah Eckebrecht, Lilla-Eliza Hell, Dr. Julia Stöckel

Entstanden in Zusammenarbeit mit dem Projektteam des Verlages.

Gestaltung: KOMA AMOK®, Kunstbüro für Gestaltung, Stuttgart
Umschlaggestaltung: KOMA AMOK®, Kunstbüro für Gestaltung, Stuttgart
Satz: Fotosatz Buck, Kumhausen
Druck: Plump Druck & Medien GmbH, Rheinbreitbach

Printed in Germany
ISBN 978-3-12-049014-2

9 783120 490142